Gulliver Taschenbuch 435

Klaus Kordon, geboren 1943, war Transport- und Lagerarbeiter, studierte Volkswirtschaft und unternahm als Exportkaufmann Reisen nach Afrika und Asien, insbesondere nach Indien. Heute lebt er als freier Schriftsteller in Berlin. Im Programm Beltz & Gelberg erschienen u.a. die Romane *Ein Trümmersommer*, *Die Reise zur Wunderinsel*, die vielfach ausgezeichnete »Trilogie der Wendepunkte« mit den Bänden *Die roten Matrosen oder Ein vergessener Winter*, *Mit dem Rücken zur Wand* und *Der erste Frühling*, die Indienromane *Monsun oder Der weiße Tiger* (Friedrich-Gerstäcker-Preis), *Wie Spucke im Sand* (Auswahlliste zum Deutschen Jugendliteraturpreis, Preis der Ausländerbeauftragten des Berliner Senats, Jenny Smelik/IBBY-Preis, Silberner Griffel) und *Der Weg nach Bandung* und zuletzt der Kinderroman *Paula Kussmaul*. Kordons Biographie über Erich Kästner *Die Zeit ist kaputt* wurde mit dem Deutschen Jugendliteraturpreis ausgezeichnet. Für sein Gesamtwerk wurde Klaus Kordon 1998 von der Akademie der Künste in Berlin mit dem Alex-Wedding-Preis geehrt.

Klaus Kordon

Einer wie Frank

Roman

Jessica Bier 7113

BELTZ
& Gelberg

Editorische Notiz

Einer wie Frank erschien erstmals 1982 und ist der dritte Teil einer Trilogie, die als Sammelband unter dem Titel *Frank oder Wie man Freunde findet* erschienen ist. Alle drei Romane sind einzeln als Gulliver Taschenbuch lieferbar: *Brüder wie Freunde* (78433), *Tage wie Jahre* (78434), *Einer wie Frank* (78435). Die vorliegende Taschenbuchausgabe basiert auf der Neufassung von 1999.

www.beltz.de
Gulliver Taschenbuch 435

Programm Beltz & Gelberg, Weinheim

Einbandgestaltung von Max Bartholl
Einbandbild von Doro Göbel
Gesetzt nach der neuen Rechtschreibung
Gesamtherstellung Druckhaus Beltz, 69494 Hemsbach
Printed in Germany
ISBN 3 407 78435 X
1 2 3 4 5 05 04 03 02 01

Mit 13 ist man schon fast erwachsen

Das Tageslicht dringt durch die Ritzen der Jalousie. Frank dreht sich auf seiner Couch herum und schaut zum Doppelbett hinüber. Onkel Willi ist noch nicht wach, aber der Wecker tickt, also wird er schon rechtzeitig aufstehen.

Frank steht auf, geht in die Küche und öffnet das Fenster zum Hof. Feuchtkalte Luft schlägt ihm entgegen. Er hockt sich auf den Fenstersims, lehnt sich mit dem Rücken an die Wand und schaut hinaus.

Auf dem Hof rührt sich nichts. Die Teppichklopfstange auf dem Rondell, in dem eigentlich Blumen wachsen sollen, steht da, als friere sie. Es wird ja nun bald Oktober und es ist wirklich schon sehr kühl morgens.

Heute ist es also so weit: Mutters Beerdigung. Onkel Willi hat gesagt, er soll sich zusammennehmen, sie müssten es hinter sich bringen. Er wird sich zusammennehmen; er tut ja schon tagelang nichts anderes, als sich zusammenzunehmen.

Die Tür zum Quergebäude quietscht. Uwi kommt. Er hält seine Mappe unter dem Arm und gähnt. Frank beugt sich weit vor. Er will, dass Uwi ihn sieht.

Uwi wohnt seit zwei Jahren im Hinterhaus. Seine Eltern haben keine Zeit für ihn. Deshalb lebt er nun bei seinen Großeltern und seine Großmutter schickt ihn immer wie eine Schaufensterpuppe zur Schule. Sein müdes Gesicht passt nicht zu seinem Aufzug und den mit Wasser an den Kopf geklatschten Haaren.

Uwi sieht Frank groß an. »Gehste heute nicht zur Schule?«

»Heute ist Beerdigung.«

»Soll ich dich bei der Hagen entschuldigen?«

»Das mach ich selber.«

Uwi guckt Frank noch eine Zeit lang stumm an, fragt aber nichts mehr. Und als Frank sich umwendet und weggeht, geht er auch.

Tante Hille läuft zwischen der Gaststätte und der Küche hin und her. In der Gaststätte versammeln sich die ersten Trauergäste, in der Küche steht Frank und wäscht sich.

Tante Hille sieht der Mutter nicht ähnlich, nur ihre Augen sind die gleichen. Doch sie gibt sich große Mühe und fühlt sich für alles verantwortlich. Sie hat Frank auch den dunkelgrünen, etwas zu weiten Anzug ausgesucht, in dem er nun vor dem Spiegel steht und den er auch später noch tragen soll.

Die Tante ist nicht zufrieden mit seinem Aussehen. Sie will, dass er einen von Onkel Willis dunklen Schlipsen umbindet. Frank aber findet es schon unangenehm genug, dass er das beigefarbene Hemd, das ebenfalls von der Tante ausgesucht wurde, bis zum letzten Knopf zuknöpfen muss; den Schlips lehnt er ab.

»Also gut!« Die Tante gibt nach. »Aber dann kämm dich wenigstens ordentlich.« Sie nimmt Frank den Kamm aus der Hand, zieht ihm einen scharfen, geraden Scheitel und kämmt die Haare nach links und rechts auseinander.

Frank wartet, bis die Tante in die Gaststätte zurückgeeilt ist, dann kämmt er sich so, wie er es möchte: die Haare erst nach vorn und dann mit einem Schwung nach hinten. Das Problem dabei ist nur die Kurve, in der das Haar verharren muss, ohne in die Stirn zu fallen.

Im Hinterzimmer rasselt der Wecker, Onkel Willi steht auf.

Frank muss an den Morgen vor vier Tagen denken, als der Anruf kam. Er ist davon aufgewacht, dass das Telefon klingelte, und hat gehört, wie Onkel Willi in die Gaststube ging, den Hörer abnahm, ein paar Mal »Ja« und »Danke« sagte und dann den Hörer wieder auflegte. Als er ins Hinterzimmer zurückkehrte, sagte er nur: »Mutti ist gestorben«, legte sich ins Bett und starrte an die Decke.

Sie hatten schon vorher gewusst, dass es keine Hoffnung mehr gab, an jenem Morgen aber erhielt die Gewissheit Endgültigkeit; eine Endgültigkeit, die nicht auszuhalten war. Er stand auf und machte sich für die Schule fertig. Onkel Willi sagte, er brauche nicht in die Schule zu gehen, er würde ihm eine Entschuldigung schreiben, aber er ging trotzdem.

Onkel Willi kommt in die Küche, wäscht sich und kämmt sich das kurze weiße Haar schräg nach hinten. Danach stutzt er sich den kleinen weißen Schnurrbart. Im Spiegel sieht er Frank mit seinen hellen Augen an.

»Na?«

Frank antwortet nichts. Seit Mutter tot ist, gucken ihn alle so an, als wollten sie in seinem Gesicht lesen, wie ihm zu Mute ist. Er hat es gelernt, ein gleichgültiges Gesicht zu machen.

Tante Hille kommt zurück, sieht, dass er sich die Haare wieder anders gekämmt hat, sagt aber nichts. »Deine erste Beerdigung?«, fragt sie nur voller Mitgefühl.

Frank nickt. Es ist die erste, auf die er mitdarf. Als Burkie starb, war er noch zu klein, als Tante Lucie starb, konnte er nicht mitfahren, weil Tante Gertrud zu wenig Platz in ihrer Wohnung hatte.

Tante Hille seufzt und läuft zum fünften oder sechsten Mal in die Gaststube.

Es ist alles wie damals, als Burkie starb. Das ist zwar nun schon sechs Jahre her und manches davon hatte Frank längst vergessen, doch jetzt erinnert er sich wieder daran: die Trauergäste, wie sie in der Gaststube herumstanden, die Kränze und Blumengebinde auf den Tischen, die Vorbereitungen in der Küche, die Tante, die hin und her hastete. Damals war es Tante Lucie, die irgendwie hierher gehörte, jetzt ist es Tante Hille, die extra aus dem Harz angereist ist und ihm nach wie vor fremd ist.

»Die Taxis sind da!« Schon wieder kommt Tante Hille zurück. Und diesmal trägt sie bereits ihren dunkelbraunen Mantel, für den sie sich entschuldigt hat, weil sie meinte, eigentlich gehöre sich ja ein schwarzer.

Onkel Willi seufzt und nickt und zieht sich seine Schuhe an.

Die Trauergäste schieben sich langsam durch den Flur. Frank lässt sich mitschieben, gerät dabei unversehens zwischen Herrn Bessel und Herrn Lehmann und es sieht fast so aus, als bildeten diese beiden Männer eine Art Geleitschutz für ihn. Doch auch das ist ihm nun egal.

An der Tür nimmt Tante Hille Frank in Empfang. »Du bleibst jetzt bei mir«, sagt sie und legt ihm den Arm um die Schultern.

Frank weiß, dass die Tante damit nur die Beerdigung meint, aber eine Sekunde lang glaubt er, die Tante wolle sich von nun an um ihn kümmern. Ein großer Quatsch, denn so fremd, wie die Tante ihm ist, so fremd ist er ihr. Als sie ihn gestern Mittag zum ersten Mal seit vielen Jahren sah, fragte sie ihn sogar, wie alt er denn nun sei. Und als er dreizehn sagte, nickte sie und sagte, als wollte sie ihm damit Mut machen: »Ja, ja, mit dreizehn ist man schon fast erwachsen.« Aber in Wahrheit hieß das: Sieh selber zu, wie du fertig wirst – wenn es auch nicht böse gemeint war, sondern eher traurig klang.

Vor dem Haus steht eine lange Reihe Taxis. Auch wie damals bei Burkie. Die Trauergäste steigen ein und sehen nun noch bedrückter aus als vorher. Mit den Kränzen auf den Schößen ist es sehr eng in den schwarzen Autos.

Frank blickt sich um. Herr Modersohn steht in der Tür seiner Schneiderwerkstatt, sieht ihn an und nickt ihm zu. Der kleine Schneidermeister wird nicht mitgehen, obwohl er die Mutter sehr gern hatte. Er hasst Beerdigungen und ging nur ein einziges Mal mit: als seine Frau starb, voriges Jahr im Winter ... Aber Herr Modersohn ist nicht der Einzige, der der Abfahrt der Trauergäste zuschaut, überall in den Fenstern stehen Leute und schauen auf die Straße hinunter. Die Wirtin der *Gemütlichen Ecke* haben sie alle gekannt.

Das letzte Taxi. Tante Hille schiebt Frank vorwärts und Onkel Willi hält ihm die Tür auf.

Dreh dich nicht um

Die Schlange der Taxis fährt die Prenzlauer Allee entlang und biegt hinter der Weißenseer Spitze nach rechts ab. Tante Hille putzt sich immer wieder die Nase. Und hat sie das Taschentuch weggesteckt, zupft sie an der schwarzen Armbinde herum, die Frank tragen muss. Onkel Willi sitzt neben dem Taxifahrer, Frank blickt genau auf seinen sauber ausrasierten Nacken zwischen dem Samtkragen seines dunklen Mantels und dem grauen Hut mit der dunkelgrauen Schleife. Onkel Willis alte, aber glatte Haut glänzt seidig, doch er schwitzt nicht, obwohl er eigentlich schwitzen müsste unter seinem Hut.

Die Taxis halten. Die Trauergäste steigen aus, lassen sich von den Chauffeuren die Kränze reichen und gehen durch das weit geöffnete schmiedeeiserne Tor auf die kleine Kapelle zu. Frank geht neben Tante Hille her, geht wie automatisch mit ihr mit.

In der Kapelle ist es still und dunkel. Der große braune Sarg steht in der Mitte des Raumes, vor einem Altar. Frank, Onkel Willi und die Tante setzen sich in die erste Reihe, direkt vor das Podest mit dem Sarg.

Da also liegt die Mutter drin! Frank weiß es, aber er kann es sich nicht vorstellen. Er starrt den Sarg an, bis er vor seinen Augen verschwimmt.

Durch die bogenförmige Kapellentür kommen immer mehr Trauergäste und zum Schluss der Gesangverein, der seit kurzem donnerstags in der *Gemütlichen Ecke* tagt. Die Männer tragen ebenfalls Mäntel und Hüte, ihre Gesichter sind erhitzt. Sie sind mit der Straßenbahn gekommen und mussten von der Haltestelle bis zum Friedhof laufen.

Tante Hille nimmt Franks Hand. Sie will, dass er wieder den Sarg anguckt.

Orgelmusik ertönt, ein Pfarrer kommt. Als die Musik verklungen ist, hält er eine Rede. Er erzählt von der Mutter, berichtet über die schweren Jahre ihrer Jugend und von den zwei schlimmen Kriegen, die sie hatte mitmachen müssen, erzählt auch von den drei Männern, denen sie eine gute Frau gewesen war, und den Schicksalsschlägen, die sie ertragen musste: den Tod ihrer ersten beiden Männer und den des älteren Sohnes; Prüfungen, die sie voller Demut auf sich genommen hatte.

Tante Hille schluchzt in ihr Taschentuch hinein. Viele Taschentücher werden hervorgekramt, der hohe viereckige Raum hallt wider von leisen Schnäuzgeräuschen.

»Wie tapfer muss ein Mensch sein, der ein solches Leben geduldig erträgt?«, fragt der Pfarrer. »Wie sehr muss er Gott lieben?«

Die Mutter hat Gott nicht geliebt, sie hat nicht einmal an ihn geglaubt. Und sie hat ihr Leid nicht demütig auf sich genommen; sie hat die ganze letzte Zeit, in der sie sich nur noch so dahinschleppte, viel geweint und geschimpft und immer öfter Tabletten genommen und Schnaps getrunken, um alles besser ertragen zu können. Was der Pfarrer über die Mutter sagt, hat er von Tante Hille und Tante Hille hatte die Mutter in den letzten Jahren kaum gesehen, weiß überhaupt nichts von ihr.

Die Predigt ist vorüber, die Trauergäste verlassen mit gesenkten Köpfen die Kapelle und warten mit ihren Kränzen in den Händen auf die Träger, die den Sarg bringen werden.

Die Sonne scheint nun sehr grell, aber sie wärmt nicht.

»Eine schöne Rede«, hört Frank die Männer und Frauen sagen, und: »Das hat die Lisa auch verdient.« Er steht wieder zwischen Tante Hille und Onkel Willi und weiß nicht, wo er hinschauen soll.

Endlich kommen die vier schwarz gekleideten Träger mit den abgewetzten Zylinderhüten auf den Köpfen. Vorsichtig tragen sie den Sarg die Stufen hinunter und bilden die Spitze des Trauerzuges, der sich zwischen den Grabreihen hindurchbewegt.

Tante Hille, Onkel Willi und Frank gehen direkt hinter dem Sarg. Und wieder bemüht sich Frank, daran zu denken, dass in dem Sarg die Mutter liegt und dass sie nun beerdigt wird, dass nur noch ein efeu- und blumenbewachsener Hügel an sie erinnern wird, aber er kann sich das nicht vorstellen.

Die Träger lassen den Sarg an Bändern in die Grube hinab. Der Pfarrer mit seinem Büchlein steht dabei und faltet die Hände, und die Trauergäste senken die Köpfe, als wollten sie nicht hinschauen, tun es aber doch. Die Tante schluchzt wieder und Onkel Willi blickt wie auf dem Hochzeitsfoto, als ihm alles zu lange dauerte.

Die Männer mit den Zylinderhüten treten beiseite, der Pfarrer spricht ein Gebet, nimmt eine Hand voll Erde und wirft sie in die Grube hinab. »Asche zu Asche!«, ruft er. »Erde zu Erde! Staub zu Staub!«

Nun tritt Onkel Willi an die Grube. Auch er wirft eine Hand voll Erde auf den Sarg. Frank steht neben ihm und hört das leise Prasseln der fettigen, klumpigen Erde. Als Onkel Willi fertig ist, bückt er sich, nimmt etwas Erde in die Hand und folgt seinem Beispiel wie so viele nach ihm auch. Als alle ihre Erde auf den Sarg geworfen haben, singt der Gesangverein das *Heideröslein*, Mutters Lieblingslied, und verstummt dann wie abgebrochen. Die weit geöffneten Münder in den geröteten Männergesichtern klappen zu, als hätten sie etwas Verbotenes getan.

Frank schaut zu den Gräbern links und rechts der Grube hin. Auf dem einen steht: *Hier ruht unvergessen Georg Scholz 1903–1938*, auf dem anderen: *Hier ruht unvergessen unser lieber Junge Burkhard 1936–1950*. Die Mutter liegt zwischen Burkie und ihrem ersten Mann, wie sie es sich gewünscht hat.

Der Pfarrer gibt sich einen Ruck und geht auf Frank, Onkel Willi und Tante Hille zu. Er schüttelt erst der Tante und dann Onkel Willi lange die Hand und fährt danach Frank sachte über den Kopf, um ihm einige tröstende Worte zu sagen.

Onkel Willi bedankt sich für die schöne Rede und den Trost, aber er murmelt die Worte so flüchtig und eingeübt, dass weder der Pfarrer noch Frank ihn richtig verstehen können.

Als der Pfarrer beiseite getreten ist, bilden die Trauergäste eine Reihe und gehen an Frank, Onkel Willi und Tante Hille vorüber, um ihnen ihr Beileid auszusprechen. Viele sagen, wie Leid ihnen alles tue und welch eine prächtige Frau die Mutter gewesen sei, und muntern Frank auf, tapfer zu sein, manche aber bekommen nur ein »Herzliches Beileid« heraus.

Der alte Herr Braun aus dem zweiten Stock weint, als er Frank die Hand reicht.

»Fünfundzwanzig Jahre kenne ich deine Mutter«, sagt er, »fünfundzwanzig Jahre!« Und dabei schüttelt er den Kopf, sodass ihm die Tränen, die in den Augensäcken hängen geblieben waren, über das Gesicht laufen.

Herr Braun ist der einzige Mann, der weint. Die anderen machen Gesichter, als wären ihre Zähne aufeinander festgewachsen.

Der letzte Händedruck, der letzte mitleidige Blick, dann geht Frank zwischen Onkel Willi und Tante Hille auf den Friedhofsausgang zu. Als er sich noch einmal umdreht, sieht er zwei der vier Männer mit den Zylindern das Grab zuschaufeln. Die anderen beiden rauchen jeder eine Zigarette.

»Dreh dich nicht um«, bittet die Tante und legt Frank wieder den Arm um die Schultern. »Es ist besser so.« Und erneut lässt Frank sich vorwärts schieben, bis er vor dem Friedhofstor steht und der Taxifahrer, der sie hergefahren hat, die Tür zu den Rücksitzen öffnet.

Ein bisschen Gefühl

Die Trauergäste sitzen in der *Gemütlichen Ecke*, essen von den belegten Brötchen, die Tante Hille in der Küche zubereitet hat, und trinken Bier und Schnaps dazu. Onkel Willi steht hinter der Theke und bedient sie.

»Nicht mal geweint hat er«, hört Frank da plötzlich Ilse Fröhlich sagen. Er hebt den Kopf und bemerkt, dass alle zu ihm hinsehen.

»Was starrst du mich so an?« Ilse Fröhlich stützt beide Hände auf den Griff ihres Krückstockes, den sie benötigt, seit sie im Winter auf eisglatter Straße stürzte und sich den Oberschenkel brach. »Ein bisschen Gefühl hättest du schon zeigen können. Man könnte ja meinen, du hättest deine Mutter nicht geliebt.«

Frank schaut sich um. Es ist nicht Ilse Fröhlich allein, die ihn so böse anblickt, auch Herr Bessel, Paule Krause, Herr Lehmann und viele andere gucken so. Nur der schwerhörige Herr Braun hat nichts verstanden, blickt eher mitfühlend und sagt nun auch: »Ja, die Lisa! Der Gedanke, ihren Jungen so ganz allein zurückzulassen, muss ihr das Sterben doch sehr schwer gemacht haben.«

Frank legt sein Brötchen auf den Teller zurück, geht an der langen Tafel vorbei in den Flur und dort auf die Toilette. Er bricht heraus, was in ihm ist, bis nur noch gelber, bitter schmeckender Schleim kommt. Dann spült er sich unter dem Wasserhahn den Mund aus und geht auf die Straße. Er will zu Kalle; Kalle ist der Einzige, den er jetzt sehen möchte. Doch bevor er den Weg zur Dunckerstraße einschlägt, blickt er noch mal zur *Gemütlichen Ecke* hin.

Da sitzen sie nun und reden, über die Mutter und über ihn. Dabei wissen sie gar nichts von ihnen. Oder waren sie dabei, als er mit der Mutter in der Straßenbahn saß und die Mutter die Hände vor den Leib presste und ganz gelb im Gesicht war? Und dann, vor dem Krankenhaus, als er sie stützte und sie dachte, sie schaffte die letzten Meter nicht mehr?

Niemand war dabei, weder Onkel Willi noch einer der Gäste. Er saß allein in dem langen hellen Flur mit den vielen Türen und den weiß gestrichenen Bänken und wartete. Und wenn er zu unruhig wurde, um noch sitzen zu können, stand er auf, ging im Flur auf und ab und studierte die Gesichter der Männer und Frauen auf den Bänken, die ebenfalls darauf warteten, in eines der Zimmer hinter den Türen gerufen zu werden. In der Mitte des Flures hing eine große runde Uhr mit einem weißen Zifferblatt und schwarzen Zeigern. Da musste er immer wieder hinsehen, und je öfter er auf die Uhr sah, desto langsamer rückten die Zeiger vor. Als er dann endlich in den Raum voller Geräte, Instrumente und weißer Tücher gerufen wurde, saß die Mutter in Rock und Bluse auf einer Untersuchungsliege und sagte: »Du musst allein nach Hause fahren.« Und dann gab sie ihm den Zettel mit den Dingen, die sie benötigte.

Die Mutter wusste, dass sie nicht wieder gesund werden würde, und er wusste es auch, obwohl sie ihm nichts davon gesagt hatte. Die ganze Straßenbahnfahrt lang heulte er und die halbe Nacht, aber in der *Gemütlichen Ecke* sah ihn niemand heulen.

Frank biegt in die Danckerstraße ein, betritt das Haus, in dem Kalle wohnt, geht über die Höfe und hört bereits von weitem das Geschrei, das Kalles Geschwister machen. Alexander, Kalles jüngster Bruder, liegt auf dem Küchentisch und wird von den anderen im Kreis herumgetragen. Die Jungen und Mädchen johlen und kreischen und werden immer schneller, bis sie schließlich laufen. Alexander klammert sich mit den Händen an beiden Seiten des Tisches fest, Rotz läuft ihm aus der Nase, aber er macht ein kühnes Gesicht.

Im vorigen Jahre haben Frank und Kalle an Alexanders Geburtstag Verstecken mit ihm gespielt. Ihr Abzählreim lautete: »Alexander! Arsch auseinander! Arsch wieder zu – und raus bist du!« Es war ein unheimlich lustiges Versteckspiel gewesen und seitdem mag Alexander Frank. Als er ihn sieht, springt er vom Tisch und kommt ihm entgegengelaufen. »Biste noch traurig?«, will er wissen. Frank mag Alexander auch, aber was er auf diese Frage antworten soll, weiß er nicht. Deshalb guckt er nur streng und geht gleich zu der grünen Tür, von der im Lauf der Zeit das meiste Grün allerdings schon abgeblättert ist. Wenn Kalle nicht auf dem Hof ist, muss er in der Wohnung sein. Seit seine Mutter von seinem Vater geschieden ist und in einer Fabrik arbeitet, muss er noch öfter auf seine Geschwister aufpassen.

Die Tür ist offen und Frank hat es nicht nötig, erst zu klopfen. Er ist nun so oft bei Kalle, dass er schon fast mit dazugehört. Diesmal aber ist er doch verlegen, dass er so ohne weiteres die Tür geöffnet hat: Kalles Mutter ist da. Sie steht neben Kalle, der mit einem Handtuch um den Hals auf einer Stuhllehne sitzt und die Füße auf den Sitz gestellt hat, und schneidet ihm die Haare. Der Mittelfinger ihrer rechten Hand steckt in einem dicken Verband.

Unschlüssig hält Frank die Türklinke in der Hand. Erst als Kalles Mutter sagt: »Komm ruhig rein«, schließt er die Tür. Er hat die kleine rundliche Frau schon oft gesehen, aber immer nur von weitem, tagsüber ist sie sonst nie da.

Auch Frau Naumann studiert Franks Gesicht. »Du hast heute deine Mutter beerdigt, nicht wahr?«

Frank nickt stumm. Er kann diese Blicke schon fast nicht mehr aushalten.

»Das ist ein Unglück, mein Junge, aber leider nicht zu ändern.«

Kalles Mutter klemmt sich den Kamm zwischen die Lippen und schneidet weiter an Kalles dunklem Haar herum. Und Kalle lächelt, will Frank zu verstehen geben: Gleich bin ich fertig. Dann aber dreht er sich so, dass er sein Gesicht im Spiegel über der Wasserleitung sehen kann, und springt vom Stuhl. »Was hast du gemacht? Jetzt hab ich ja einen Pony!«

»Das haben wir gleich.« Kalles Mutter geht an den Gasherd und dreht einen der Hähne auf. Dann nimmt sie die Zündhölzer vom Kachelsims, steckt das Gas an und legt eine Brennschere in die bläulich züngelnden Flämmchen rund um den Ring.

»Ich wollte es ja nur ein wenig kürzer haben und jetzt stellst du so was mit mir an.« Kalle schielt zu Frank hin. Frau Naumann aber sagt nur: »Lass mal. Ich mach dir 'ne prima Frisur. Die Mädchen in deiner Klasse kriegen lange Hälse, wenn sie dich morgen sehen.«

Kalle muss lachen. »Die Mädchen können mir gestohlen bleiben.«

»Das kannste Graf Hugo von der Pufferbude erzählen, aber nicht mir.« Kalles Mutter nimmt die Brennschere vom Gasring, klemmt Kalles Haare darin ein, presst die Schere fest zusammen und dreht die Haare nach innen. Das wiederholt sie einige Male und legt die Brennschere zwischendurch immer wieder in die Flämmchen, damit sie nicht zu kalt wird. Als sie damit fertig ist, hält sie Kalle den Spiegel hin und fragt stolz: »Na? Sieht das nach was aus?«

Es sieht nach was aus. Kalle ist ganz baff und auch Frank muss anerkennen: Ein ganz neuer Kalle! Aber als Frau Naumann fragt, ob sie ihn auch gleich noch rannehmen soll, schüttelt er den Kopf und geht lieber mit Kalle durch den dunklen Flur in das Zimmer, in dem die Jungen schlafen.

Kalle schaltet das Licht ein, damit sie in dem schmalen Zimmer mit dem viel zu kleinen Fenster etwas sehen können, nimmt die Kleidungsstücke von dem einzigen Stuhl, der sich in dem Zimmer befindet, schiebt ihn Frank hin und setzt sich auf eines der Betten.

»Wie war's auf dem Friedhof?« Kalle macht ein neugieriges Gesicht, guckt nun so wie alle anderen auch und Frank verschließt sich wieder. »Blöde«, sagt er nur. Und damit Kalle nicht weiterfragt, fragt er ihn nach seiner Mutter; will wissen, was sie denn da an der Hand hat.

»Sie ist in die Maschine gekommen. Aber es ist nicht so schlimm, der Bohrer ging nur ins Fleisch.«

Frank nickt, obwohl er einen elektrischen Bohrer, der in die Hand dringt, doch ziemlich schlimm findet. Aber er weiß von Kalle, dass in der Fabrik, in der Kalles Mutter jetzt arbeitet, ab und zu noch ganz andere Unfälle vorkommen. Im Vergleich zu einem verlorenen Finger oder einer ganzen Hand ist eine Fleischwunde daher wirklich nicht sehr schlimm.

Kalle guckt Frank einige Zeit verlegen an und rückt schließlich mit der Sprache heraus, sagt ihm, was er die ganze Zeit schon sagen wollte und sich wegen der Beerdigung nicht traute. »Im *Vineta* spielen sie 'n neuen Tarzan-Film. *Tarzan und das blaue Tal* heißt er. Kennste den schon?«

Kalle liebt Tarzan. Obwohl er fast kein Taschengeld bekommt, besorgt er sich doch alle Tarzan-Hefte und geht in jeden Tarzan-Film, der irgendwo gespielt wird, und wenn es am anderen Ende der Stadt ist. Und das, obwohl diese Filme ja nur in West-Berlin laufen, also Westgeld kosten.

Frank kennt den Film noch nicht. »Wollen wir ihn ansehen?«

»Hab ja kein Geld.« Kalle schielt verlegen zur Seite.

»Ich bezahle für dich.«

»Aber du hast erst vorige Woche für mich bezahlt.«

»Na und?« Frank lädt Kalle fast immer ein, und wenn es nach ihm ginge, würden sie darüber gar nicht mehr reden. Es tut ihm ja nicht weh. Er bekommt genügend Taschengeld, um sich jeden Film anzusehen, den er will. Nach Onkel Willis Ansicht bekommt er sogar zu viel Taschengeld. Die Mutter hatte das auch gesagt, ihm aber doch immer wieder Geld zugesteckt; als wollte sie irgendwas damit gutmachen. Noch im Krankenhaus hatte sie ihm einen Fünfzigmarkschein gegeben: weil er Geburtstag hatte und sie im Krankenhaus kein Geschenk kaufen konnte. Es war genau eine Woche, bevor sie starb.

»Das wäre toll.« Kalle gibt seine Verlegenheit auf. Er wusste ja vorher schon, dass es so enden würde. »Und was machen wir jetzt?«, fragt er dann. »Karten spielen?«

Frank ist einverstanden. Und dann liegen sie beide auf Kalles Bett und spielen *17 und 4* und *Mau-Mau*, bis es draußen dunkel wird und Kalle zum Abendbrot gerufen wird.

Der Lärm der Trauergäste dringt durch die geschlossene Tür. Frank zieht sich die Bettdecke über den Kopf. Doch unter der Bettdecke ist es still, totenstill. Hastig schlägt er die Decke wieder zurück und lauscht in die Finsternis hinein.

Eigentlich ist es kein Lärm, den die Trauergäste machen, niemand schreit oder lacht; es ist nur ein Stimmengewirr, vermischt mit dem Klappern der Tassen und Teller und dem Klirren der Biergläser, wenn sie zum Abräumen auf das Tablett gestellt werden.

Als Burkie starb, wurde auch gegessen und getrunken. Die Mutter nannte das eine Unsitte, aber es blieb ihr nichts anderes übrig, als mitzumachen. Wie so oft in ihrem Leben. Er weiß das nun, denn während der letzten gemeinsamen Ferien in Ilse Fröhlichs Häuschen draußen in Bestensee, wo sie die letzten Jahre jeden Sommer verbrachten, hatten die Mutter und er sich viel miteinander unterhalten. Ob beim Pilzesammeln im Wald, beim Rudern auf dem See oder abends auf der Veranda, immer redeten sie miteinander.

Nur wenn Onkel Willi dabei war, dann schwiegen sie oder sprachen von Unwichtigem.

Vieles von dem, was die Mutter ihm erzählte, hatte ihn sehr betroffen gemacht, vor allem aber die so oft wiederholte Feststellung, dass sie kein schönes Leben gehabt hätte. Schön, so sagte sie, wären nur ihre ersten Jahre mit Burkies Vater gewesen, an die erinnere sie sich gern. Wie sie sich kennen lernten in dem vornehmen Restaurant am Funkturm, er als Zapfer, sie als Serviererin; wie sie die Sommer fast immer nur am Müggelsee verbrachten, weil Burkies Vater so ein begeisterter Segler war; wie sie gemeinsam tanzen gingen; wie sie die *Gemütliche Ecke* eröffneten; wie Burkie kam. Bald danach wurde Burkies Vater krank und die schöne Zeit war vorüber.

An die Zeit mit seinem Vater hatte die Mutter keine guten Erinnerungen. Sie hatte ihn nur geheiratet, weil er so allein war und sie für die *Gemütliche Ecke* einen Mann benötigte. Bevor sie ihn wirklich lieb gewinnen konnte, musste er in den Krieg, kam nur noch ein paar Mal auf Urlaub und dann gar nicht mehr.

Das hatte ihm wehgetan. Die Mutter hatte es gemerkt und gesagt, gerne gehabt hätte sie seinen Vater natürlich auch, sonst hätte sie ihn ja nicht geheiratet. Aber das war nur so ein Trostpflaster.

Frank dreht sich im Bett hin und her und zurück. Er wird nun immer wacher, sieht alles immer deutlicher vor sich – vor allem aber, wie krank und müde die Mutter in diesem letzten Sommer in Bestensee schon aussah …

Das Licht flammt auf, Onkel Willi kommt.

Frank verkriecht sich unter der Bettdecke. Er möchte Onkel Willi jetzt nicht sehen. Doch Onkel Willi will mit ihm reden und setzt sich zu ihm. Und ohne dass er unter seiner Decke hervorkommt, weiß Frank, dass er jetzt unsicher guckt. Wenn Onkel Willi was tun muss, wozu er sich gezwungen fühlt, guckt er immer unsicher.

»Mein lieber Junge«, beginnt er, bricht dann aber ab und beginnt von vorn: »Deine liebe Mutter … Ich habe sie sehr gern gehabt. Das musst du wissen. Und …«

»Raus! Hau ab! Lüg mich nicht an!« Frank hat die Bettdecke vom Gesicht genommen und schreit so laut, dass die Gäste im Lokal ihn hören müssen.

Onkel Willi hat sich sehr zusammennehmen müssen, um zu ihm zu kommen, Frank weiß das. Und wüsste er es nicht, dann könnte er es jetzt an seiner Enttäuschung sehen, die nun langsam in Ärger umschlägt. »Warte nur, Freundchen!«, murmelt er. »Dich kriege ich auch noch klein. Jetzt kannst du dich nicht mehr verstecken.«

Frank erwidert nichts, starrt Onkel Willi nur an und sieht, dass er schon wieder ziemlich viel getrunken hat.

Onkel Willi senkt den Blick, steht auf, macht das Licht aus und geht schwankend wieder hinaus.

Frank schiebt sich die Hände unter den Kopf und schaut in die Dunkelheit hinein. Onkel Willi glaubt also, dass er sich hinter der Mutter versteckt hatte. Das stimmt nicht, das hat er nie getan, das hätte die Mutter auch gar nicht zugelassen; im Gegenteil, sie hat immer versucht, gerecht zu sein, so schwer Onkel Willi ihr das auch machte.

Frank sieht wieder jene Szene vor sich, die sich in einer der letzten Nächte, bevor die Mutter ins Krankenhaus musste, zwischen ihr und Onkel Willi abspielte; eine Szene, an der auch er teilhatte und für die er sich schämt. Es war kurz nach Feierabend, er hatte gerade die letzte Seite gelesen, das Licht gelöscht und versuchte einzuschlafen. Er wollte eingeschlafen sein, bevor die Mutter und Onkel Willi kamen und er wieder mit anhören musste, wie Onkel Willi zur Mutter ins Bett kroch und mit ihr flüsterte, bis sie schließlich trotz ihrer Krankheit seinem Drängen nachgab und ihn zu sich ließ. In jener Nacht musste Onkel Willi der Mutter schon beim Kassemachen gesagt haben, dass er zu ihr kommen wollte, denn er hörte, wie die Mutter laut und scharf »Heute nicht!« sagte. Ihre Stimme klang fremd, sie hatte wieder getrunken, um die Schmerzen nicht so zu spüren. Onkel Willi wusste das, deshalb sagte er nur: »Du bist ja besoffen« und nahm ihre Entgegnung nicht ernst. Die Mutter aber meinte es ernst und ließ sich auch im Hinterzimmer nicht überreden. Da wurde Onkel Willi böse und sagte: »Du machst, was ich will, und damit basta.«

»Für was hältst du mich denn?«, rief die Mutter, die gerade die Kassette mit den Tageseinnahmen unter ihr Bett schob, und wollte sich aufrichten. Onkel Willi aber stieß sie mit dem Fuß auf den Boden zurück und rief: »Ich werde dir zeigen, wer hier was zu sagen hat!«

»Du trittst mich? Ich bin krank, und du trittst mich?« Wieder wollte die Mutter hoch, doch ein neuer Tritt in die Seite ließ sie zusammenbrechen und laut aufstöhnen.

»Lass meine Mutter in Ruhe!« Er war aufgestanden und wollte Onkel Willi von der Mutter wegzerren, Onkel Willi aber stieß ihn fort. Er schlug mit dem Kopf gegen das Büfett und blieb liegen.

»Ruf die Polizei«, stöhnte die Mutter.

Er rappelte sich auf und lief zum Fenster. Sein Hinterkopf schmerzte und brummte, aber er schaffte es, die Jalousie hochzubekommen, das Fenster zu öffnen und laut nach der Polizei zu rufen. Da ließ Onkel Willi von der Mutter ab, packte ihn und schlug ihn. Er schlug ihn lange und mit der Wucht der Wut. Er verbarg den Kopf in den Armen und ließ die Schläge auf sich niederprasseln. Erst als Onkel Willis Wut endlich verraucht war, warf er sich auf den Fußboden und heulte. Und die Mutter setzte sich zu ihm und weinte mit – vor Schmerz, aber auch vor Scham.

Er wird diese Nacht nie vergessen, vor allem aber wird er sie Onkel Willi nicht vergessen. Dass er betrunken war, ist keine Entschuldigung.

Hast du Fragen, frag Frau Hagen

Tante Hille macht Frank das Frühstück und setzt sich zu ihm an den Küchentisch. »Um elf Uhr fährt mein Zug. Wenn du aus der Schule kommst, bin ich schon fort.«

Frank beißt in sein Brot, um nichts sagen zu müssen. So fremd Tante Hille ihm auch ist, es wäre ihm lieber, sie bliebe hier.

Tante Hille nimmt seine Hände. »Du musst nun sehr stark sein. Es wird bestimmt nicht leicht werden.«

In Frank kriecht ein Gefühl hoch, das ihm die Luft nimmt. Er schnappt sich seine Mappe und will aus der Tür. Die Tante geht ihm nach, zieht ihn in ihre Arme und wünscht ihm Glück. Frank reißt sich los und läuft aus der Tür, so eilig, als käme er sonst zu spät zur Schule.

Der Schulhof ist wie immer voller Jungen und Mädchen, die darauf warten, dass die Türen zu den verschiedenen Aufgängen geöffnet werden. Uwi steht neben Elvis und Zacke, die sich angeregt miteinander unterhalten, und schaut Frank neugierig entgegen.

Frank wird langsamer. Er weiß, dass er nun die vorsichtige, mit Beklemmung gemischte Neugier der Jungen und Mädchen der Klasse über sich ergehen lassen muss, er hat das ja schon einmal mitgemacht.

Und wieder begegnet er dieser Neugier mit Wichtigtuerei. Er schämt sich dafür, doch das bisschen Angabe ist sein einziger Schutz.

»Na, wie war's?«, fragt Elvis.

»Beschissen.«

Elvis ist der Chef der Klasse. Eigentlich heißt er Peter Müller, den Namen Elvis hat er sich selbst gegeben, weil Elvis Presley sein Idol ist. Er kämmt sich die Haare wie der Rock'n'Roll-Star und trägt nur hautenge Nietenhosen*, die engsten der Klasse. Er kauft sie in West-Berlin, zieht sie an und geht mit der nagelneuen Hose in einen See. Dann steht er in der Sonne herum und lässt sie am Körper trocknen. Das dauert lange und er kann das nur im Sommer tun, deshalb spart er jeweils ein Jahr für eine neue Hose, von einem Sommer zum anderen.

Elvis' Bruder Werner nennt sich Slim. Er gehört zu den bekanntesten Halbstarken des Viertels und trägt zu seiner genauso engen Nietenhose eine Lederjacke, in der er ein ungeheuer breites Kreuz hat. Elvis schwärmt von seinem Bruder. Als die Halbstarken den Weihnachtsmarkt auf dem Marx-Engels-Platz demolierten, lief er tagelang herum, als wäre er selbst mit dabei gewesen. So wie Frank einst Burkies Keule* war, so ist Elvis Slims »Partner«.

Zackes richtiger Name ist Hans-Georg Zacharias. Sein Vater ist Volkspolizist und in der Partei. Deshalb hat Zacke bei Elvis einen schweren Stand. Elvis mag alles, was aus dem Westen kommt, und alles, was mit dem Osten zu tun hat, lehnt er ab. Und ein Vater, der in der SED* ist, ist für ihn das Schlimmste, was einem passieren kann.

»Heute lassen wir ein Ding steigen«, sagt Elvis, als Frank heran ist. »Ein riesiges Ding, damit die Hagen wieder mal weiß, was Sache ist.«

Das soll ein Trost sein. Frank grinst nur und schaut sich um, sucht Gisela, kann sie aber nirgends entdecken. Dafür winkt Kalle ihm zu.

Kalle ist im Vorjahr wieder sitzen geblieben, geht nun in die siebte Klasse und wird die Schule danach verlassen, weil er dann zu alt geworden ist, um noch ein Jahr anzuhängen. Außerdem ist er nun so schlecht im Unterricht, dass er die siebte wohl auch im zweiten Anlauf nicht schaffen wird.

Elvis zieht die Nase hoch und spuckt aus. »Was du an dieser Matschbacke bloß findest?« Er möchte gerne Franks Freund sein und ist manchmal richtig eifersüchtig auf Kalle. Vor allen Dingen, weil er es nicht verstehen kann, dass Frank einem solch tollen Typ wie ihm ausgerechnet einen Kalle vorzieht.

Gisela kommt über den Schulhof. Sie trägt einen grünen Pulli und eine lange schwarze Hose, deren Hosenbeine nach unten hin immer enger werden und in Knöchelhöhe mit Schlitzen versehen sind. Sie sieht Frank ernst an und wendet sich dann der Mädchengruppe zu. Frank tut, als habe sein Blick Gisela nur zufällig gestreift, aber seine Haltung verändert sich nun, er redet lauter, gibt noch mehr an und ist froh, als es endlich klingelt und er aus dieser Rolle erlöst wird.

Hast du Fragen, frag Frau Hagen!, steht an der Tafel. Zacke hat es angeschrieben, nun sitzt er hinter seinem Tisch und feixt.

Frau Hagen liest den Spruch und freut sich: »Es wäre mir recht, wenn ihr das beherzigen würdet. Ich hab es gern, wenn meine Schüler mir Fragen stellen.«

Es wird gegrinst und laut geredet und Zacke zeichnet mit beiden Händen ein Herz in die Luft. Uwi, der vor Frank sitzt, nutzt die Gelegenheit. Er schiebt Frank vier Comics zu. Frank sieht sie sich unter dem Tisch an. Es sind zwei *Tarzan*-Hefte, ein *Buffalo Bill* und ein *Supermann*. Er kennt sie alle vier noch nicht, deshalb schiebt er sie in seine Mappe, nimmt seine Comics heraus und steckt sie Uwi zu. Auch Uwi blättert sofort darin herum. Dann dreht er sich um und nickt.

Frank und Uwi tauschen fast jeden Tag Comics miteinander aus. Uwi hat eine riesige Sammlung von den Heften, er liest alles, was ihm unter die Finger kommt – nur keine richtigen Bücher.

Frau Hagen setzt sich auf Ritas Tisch und will wissen, ob die Hausaufgaben zu schwierig waren. Dabei schaut sie mal hier, mal dort jemanden an, sodass jeder das Gefühl hat, er ist auch gefragt. Sie ist nun schon das dritte Jahr ihre Klassenlehrerin, und als feststand, dass sie die Klasse bis zum Abschluss des achten Schuljahres behalten wird, brach allgemeiner Jubel aus. Nur Elvis kommt mit der Hagen nicht klar. Sie ist ihm einfach zu sehr in Ordnung.

Die Mädchen sagen, die Aufgaben wären leicht gewesen, die Jungen protestieren. Frau Hagens Blick bleibt an Frank hängen, der nicht mitprotestiert, sondern still hinter seinem Tisch sitzt. »Wo warst du denn gestern?«

Schlagartig wird es still, alle schauen Frank an.

»Auf dem Friedhof.«

»Und was hast du da gemacht?«

»Meine Mutter beerdigt.«

Frau Hagen rutscht vom Tisch. »Deine Mutter?«

Frank nickt.

»Wann … wann ist sie denn gestorben?«

»Vor fünf Tagen.«

Frau Hagen kann es immer noch nicht glauben. »Aber du hast ja an den Tagen zuvor nicht gefehlt?«

Frank senkt den Kopf.

Frau Hagen wird misstrauisch. »Das soll doch kein Scherz sein, oder?«

Das soll kein Scherz sein.

»Aber … Ich meine …« Frau Hagen findet nicht die richtigen Worte.

»Es stimmt wirklich«, meldet sich Uwi. »Ich wohne ja im gleichen Haus.«

»Wir wissen es alle«, sagt Elvis, der neben Frank sitzt.

»Ihr wisst es alle?« Frau Hagen wird noch ernster. »Und warum hast du mir nichts gesagt?«

Frank schweigt. Er hat es niemandem gesagt, Uwi hat es in der Klasse herumerzählt.

»Na, weißt du!« Frau Hagen muss nun ihrer Enttäuschung Luft machen. »Das finde ich schon sehr seltsam, wie du dich da verhalten hast.«

Frank zuckt die Achseln. Er verhält sich oft seltsam, er weiß das, aber ändern kann er es nicht.

Frau Hagen blickt Frank noch einige Zeit nachdenklich an, dann erlaubt sie ihm, sich zu setzen, und geht an die Tafel. Doch kaum sitzt Frank, steht Elvis auf, nimmt seinen Stuhl, geht mit ihm in die letzte Reihe und stellt ihn auf einen freien Tisch. Dann steigt er auf den Tisch und setzt sich auf den Stuhl. Frank tut es ihm nach und dann sitzen sie zu zweit auf ihrem Thron und grinsen. Sie sitzen genau vor der mit rotem Tuch bespannten Wandtafel, auf der mit weißen Pappbuchstaben *Lernen, lernen, nochmals lernen* steht. Elvis pflückt sich das *o* aus *nochmals* und lässt es um den Finger kreisen.

Frau Hagen legt die Kreide weg. »Was ist denn in euch gefahren?«

»Wir wollen besser sehen können, was Sie an die Tafel schreiben«, sagt Elvis.

Die Klasse hat sich umgedreht, alle starren die beiden Jungen an; Mäxchen bekommt seinen Mund gar nicht wieder zu und die Mädchen schütteln die Köpfe.

»Is was?«, fragt Elvis.

Frau Hagen überlegt einen Moment, dann geht sie zurück an die Tafel und schreibt das neue Thema an: *Gotthold Ephraim Lessing. 1729–1781. Deutscher Dichter und Philosoph.*

Erst als es zur Pause läutet, nimmt Frau Hagen die beiden Jungen auf dem Tisch wieder zur Kenntnis. Sie winkt Frank zu sich und geht mit ihm auf den Flur.

»Das mit deiner Mutter tut mir sehr Leid«, sagt sie. »Das ist sehr schwer für dich und sicher wirst du Zeit benötigen, bis du alles richtig verarbeitet hast. Aber im Unterricht können wir darauf keine Rücksicht nehmen. Das musst du einsehen.«

Frank nickt und geht. Frau Hagen weiß auch nichts Besseres zu sagen als die anderen Erwachsenen. Aber er nimmt ihr das nicht übel. Mit seinen Problemen muss er selber fertig werden, dabei kann ihm niemand helfen.

Eine Rutschpartie

Gisela steht an der Straßenecke und schaut zu den Jungen hin, die noch vor der Schule miteinander reden. Dann geht sie ein paar Schritte und bleibt wieder stehen. Wartet sie auf ihn? Frank ist sich nicht sicher, und als die Jungen auseinander gehen und er in Giselas Richtung muss, geht er an ihr vorüber, als sei er so sehr in seine Gedanken vertieft, dass er sie unmöglich sehen kann.

»Guten Morgen!« Gisela tut, als sei sie beleidigt, ist es aber nicht.

»Ich hab dich gar nicht gesehen«, entschuldigt sich Frank.

Gisela kramt in ihrer Mappe. »Ich will dir nur den neuen Stundenplan geben. Wir haben ihn gestern bekommen.«

»Danke.« Frank nimmt den Stundenplan und steckt ihn in seine Mappe.

»Das war blöd von euch, die Hagen zu ärgern«, sagt Gisela. »Die ist doch in Ordnung.«

»Weiß ich doch.«

»Und warum habt ihr's dann getan?«

Unwillkürlich heftet Frank seinen Blick auf die beiden kleinen Hügel unter Giselas Pullover. Sie sind größer geworden in den letzten Wochen.

Gisela presst die Mappe vor Brust und Bauch und schlingt die Arme um sie. »Meine Mutter sagt, wenn du mal so ganz allein bist, sollst du zu uns kommen.«

»Hm.« Frank geht weiter. Giselas Mutter meint es gut, aber wie stellt sie sich das vor? Soll er klingeln und sagen: Guten Abend, ich bin gerade so allein?

»War's gestern sehr schlimm?«, fragt Gisela leise.

»Nee, nur blöd!« Frank wird schneller. Gisela soll sein Gesicht nicht sehen. Und als Gisela auch schneller wird, beginnt er zu laufen.

Onkel Willi steht in seiner braunen Zapferjacke hinter der Theke, zapft Bier und schaut Frank stumm entgegen. Frank wartet, bis Onkel Willi die gefüllten Gläser an die Tische bringt, dann stellt er sich an den Tresen, um sich ein Malzbier einzuschenken.

Es sind nur wenige Gäste im Lokal. Herr Bessel sitzt auf seinem Platz an dem großen runden Stammtisch neben dem Ofen, liest eine Illustrierte und trinkt Bier. Frank blickt ihn an und denkt an Mäxchen, Herrn Bessels Sohn, mit dem er seit einigen Jahren in eine Klasse geht und der so ganz anders ist als sein Vater.

Herr Bessel hebt den Kopf. Frank blickt zur Seite, aber es ist zu spät. »Eine Unverschämtheit, wie der Bengel mich anguckt!«, beschwert sich der dicke Mann. »Soll ich mich vielleicht dafür entschuldigen, dass ich mein Bier bei euch trinke? Ich kann auch woanders hingehen.«

Frank schnappt sich die Tageszeitung, nimmt sein Glas und will verschwinden, aber Herr Bessel ist noch nicht fertig. »Und gegrüßt hat er auch nicht!«, schimpft er in Franks Rücken hinein. »Kommt herein und sagt nicht mal Guten Tag!«

Frank dreht sich um, sagt »Guten Tag!«, und geht weiter.

Herr Bessel macht eine rasche Bewegung, überlegt es sich dann aber anders und bleibt sitzen. »Das müsste meiner sein«, sagt er zu Onkel Willi. »Hören und Sehen würde dem vergehen.«

Frank ist schon an Herrn Bessel vorüber und will weitergehen, will ihn einfach nicht beachten, bringt es dann aber doch nicht fertig und murmelt leise »Halt die Schnauze!« vor sich hin. Herr Bessel, Onkel Willi und die meisten der Gäste aber haben es doch gehört und Onkel Willi will auch gleich auf ihn los. Frank lässt Mappe und Zeitung fallen und stellt das Glas auf einen Tisch. Onkel Willi stoppt ab, schaut Frank unsicher an und deutet schließlich mit dem ausgestreckten Zeigefinger auf die Tür zum Hinterzimmer: »Verschwinde!«

Frank setzt sich an einen der Tische und lehnt sich in den Stuhl zurück. »Wenn du dir das gefallen lässt, hast du ein für alle Mal verloren.« Herr Bessel ist nicht unzufrieden mit der Entwicklung. »Und deine Gäste verlierst du auch.«

Die anderen Gäste nicken: So etwas darf man sich von einem dreizehnjährigen Jungen nicht gefallen lassen.

Da packt Onkel Willi Franks Arm und will ihn vom Stuhl zerren. Frank aber klammert sich mit beiden Händen an dem Stuhl fest und wird so mitsamt dem Stuhl durch das Lokal gezogen. Es ist ein komischer Anblick, den Onkel Willi und er den Gästen bieten, aber niemand lacht. Bis Herr Modersohn kommt, in der offenen Tür steht und erstaunt fragt: »Was veranstaltet ihr denn hier? Eine Rutschpartie?«

Einige der Gäste müssen nun tatsächlich lachen. Onkel Willi lässt Frank los und schreit: »Jetzt aber genug! Ab mit dir!«

Und diesmal gehorcht Frank. Er steht auf, lässt alles stehen und liegen, läuft ins Hinterzimmer, wirft sich auf die Couch und presst das Gesicht ins Kissen. Bei der Mutter hatte Onkel Willi Glück gehabt. Wenn er auch nicht direkt schuld an ihrer Krankheit war, so war es doch deutlich zu sehen und die Leute sprachen darüber: Onkel Willi hat die Mutter »aufgefressen«, je runder und gesünder er aussah, desto hagerer und magerer wurde sie. Ihn wird er nicht kleinkriegen, darauf kann er sich verlassen.

Otto – Otto

Erster Dienstag im Oktober, Schließtag wie jeden Dienstag. Als Frank aus der Schule kommt, hat Onkel Willi die Theke und die Zapfanlage schon gereinigt und ist dabei, sich umzuziehen. Er will eine Aushilfe einstellen. Wie bisher gehe es nicht weiter, sagt er. Und dann: »Du musst noch den Fußboden wischen und einwachsen!«

»Was gibt's denn zu essen?«

Onkel Willi greift in seine Jackentasche und gibt Frank Geld. »Kauf dir was.«

So geht das nun schon seit Tagen. Onkel Willi kocht nicht und die Versuche von Herrn Modersohns zweiter Frau, sich in der Küche nützlich zu machen, lehnt er ab. Frank steckt das Geld ein und beginnt, die Stühle hochzustellen. Er hat sich mit Kalle für den Nachmittag verabredet. *Tarzan und das blaue Tal.* Er hat keine Zeit zu verlieren.

Dann stehen die Stühle auf den Tischen und Frank wischt mit dem Lappen und dem Schrubber den Fußboden. Das Wasser im Eimer wird schnell schmutzig, er muss es mehrmals erneuern und kommt dabei ins Schwitzen. Danach holt er sich aus der Abstellkammer den Pappeimer mit dem Wachs und den Schrubber, mit dem das fette, stinkende Zeug auf den Linoleumfußboden aufgetragen wird, und macht sich ans Einwachsen. Als er damit fertig ist, muss er warten, bis das Bohnerwachs eingezogen ist, damit er das Linoleum blank reiben kann. Er stellt sich an die Kasse mit den Klingelknöpfen, tippt ein paar Beträge ein und zieht die Summe. Es klingelt und die Schublade fährt heraus.

Onkel Willi hat vergessen, die Kasse abzuschließen!

Frank zieht die Lade ganz heraus und schaut hinein: Hunderter, Fünfziger, Zwanziger, Zehner und jede Menge Kleingeld – Onkel Willi hat auch die Einnahmen der letzten Tage noch nicht zur Bank gebracht. Er macht alles nur mit der linken Hand, nimmt nichts ernst, sagte die Mutter. Wenn sie wüsste, wie Recht sie hatte!

Frank schließt die Kasse, überprüft das Linoleum und beginnt, es mit einem um die Schrubberbürste gelegten Lappen glänzend zu reiben. Das Wachs ist noch nicht ganz eingezogen, die Arbeit ist schwer, aber er kann nicht länger warten, wenn er nicht zu spät zu Kalle kommen will. Er schrubbt und poliert, bis er Blasen an den Handinnenflächen hat, und flucht, weil die Gaststube so groß ist. Aber irgendwann ist er dann doch fertig, trinkt drei Gläser Sprudel hintereinander und flitzt in die Küche, um sich frisch zu machen.

Kalle hat bereits gewartet. Während sie über die Grenze gehen, schwärmt er schon voller Vorfreude von dem Film, den er noch gar nicht kennt.

Vor dem *Vineta* stehen Jungen in Nietenhosen und Mädchen in Dreiviertel-Hosen und Anoraks und mit bunten Tüchern um den Hals. Sie rauchen, schreien, laufen durcheinander und warten darauf, dass Einlass ist. Vor der Kinokasse hat sich eine lange Schlange gebildet.

Kalle ist enttäuscht. Es gibt gar nicht *Tarzan und das blaue Tal,* stattdessen wird *Der scharlachrote Tod* gezeigt. »Macht nichts«, meint Frank. »Hauptsache, wir kriegen noch Karten.«

Es gibt noch Karten. »Zweimal Kind und Ostler«, verlangt

Frank. Die Karte kostet normalerweise eine Mark West, Kinder und Ostler aber zahlen nur die Hälfte. Und ist man Kind und Ostler zugleich, wie Frank und Kalle, zahlt man sogar nur ein Viertel des Preises, also fünfundzwanzig Pfennig West oder eine Mark Ost. Allerdings muss man beim Betreten des Kinos nachweisen, dass man tatsächlich aus dem Osten kommt: Erwachsene müssen den Ausweis vorzeigen, Kinder einen Lebensmittelkartenabschnitt, auf dem der Name steht; Lebensmittelkarten gibt es nur noch in Ost-Berlin. *

Aber noch ist kein Einlass, noch ist die 15-Uhr-Vorstellung im Gange. Frank kauft für Kalle und sich Kaugummis und dann schlendern sie kauend die Brunnenstraße entlang und gucken in die Schaufenster. »Wenn ich volljährig bin, gehe ich in den Westen und werde Fensterputzer.« Kalle bleibt vor einem Geschäft mit Hosen, Hemden und Pullovern stehen. »Mein Onkel Ernst hat das so gemacht. Im Osten hatte er nur ein altes Fahrrad, im Westen fährt er einen Opel.«

»Als Fensterputzer?«

»Na klar! Die verdienen ein Schweinegeld. Und gute Zeugnisse brauchen sie auch nicht.« Kalle verkündet das wie einen Triumph und schlägt dann vor: »Komm doch mit in den Westen, dann arbeiten wir zusammen als Fensterputzer.«

»Mal sehen.« Fensterputzer ist nicht gerade Franks Traumberuf.

»Oder willst du nicht wegen der Kneipe?«

»Die kann haben, wer will.« Frank klebt seinen Kaugummi an eine Schaufensterscheibe und geht weiter.

»Ich würde mich freuen, wenn du mitkämst«, sagt Kalle. »Ehrlich!« Und Frank weiß, dass das stimmt. Doch jetzt hat er keine Lust, weiter darüber zu reden.

Der scharlachrote Tod ist ein Mann mit einem roten Umhang, der nachts durch die Straßen schleicht und nach jungen Frauen Ausschau hält. Trifft er eine, verfolgt er sie, bis er sie in einer einsamen Straße eingeholt hat. Dann erwürgt er sie mit bloßen Händen. Dabei rollt er die Augen. Er ist furchtbar hässlich, keine Frau mag ihn und deshalb rächt er sich an allen.

Am Anfang verfolgen die Jungen und Mädchen im Kino die Geschichte interessiert, dann machen sie sich über den Würger lustig. »Loslassen, es kitzelt!«, schreit ein Junge, als sich die weißbläulichen Hände des Würgers zum fünften Mal um den Hals eines Opfers legen. Und ein anderer: »Fingernägel schneiden, du Ferkel!« Und als dann das Gesicht des Opfers in Großaufnahme zu sehen ist und der Mund mit den knallroten Lippen sich weit öffnet, aber keinen Schrei hervorbringt, legt einer dem Opfer einen Werbespruch für Zigaretten in den Mund: »Aus gutem Grund ist Juno rund!«

Die Kinobesucher lachen so lange und so laut, dass die Platzanweiserin ihre Taschenlampe aufleuchten lässt und die Stimme eines der wenigen Erwachsenen im Kino »Ruhe!« verlangt. Da aber geht es erst richtig los.

»Schnauze, Opa!«, ruft einer der Jugendlichen, und ein anderer: »Mein Alter ist im Krieg gefallen – und diese hohle Nuss lebt!«

»Unerhört!« Der ältere Mann steht auf, sein Kopf verdunkelt die Leinwand. Es wird gepfiffen, geschrien und gelacht. Eine Frauenstimme neben dem Mann bittet: »Otto! Setz dich doch.«

Otto setzt sich wutschnaubend, aber es wird nicht ruhiger. Der Film ist uninteressant geworden, die Jungen und Mädchen interessieren sich nur noch für Otto. »Otto – Otto!«, kommt es aus allen Richtungen.

Erst als es einem der Opfer auf der Leinwand gelingt, dem Würger zu entfliehen, wird es ruhiger. Das Mädchen läuft einem toll aussehenden Mann in die Arme, einem Privatdetektiv, der den Würger schon lange verfolgt. Nun verfolgen die beiden gemeinsam den scharlachroten Tod. Es gibt eine Jagd durch Keller und Gruften, über Mauern und Dächer hinweg, und zum Schluss einen Kampf auf Leben und Tod. Mal liegt der Würger unten, mal der Privatdetektiv. Als er den Würger dann endlich vom Dach gestoßen hat, bekommt der Privatdetektiv von dem Mädchen einen langen Kuss. Das *The end* erscheint, das Licht flammt auf. Der Vorhang schließt sich und Bill Haleys Stimme ertönt aus dem Lautsprecher: *Rock around the clock.*

Einige der älteren Jungen und Mädchen fassen sich an den Händen und stoßen sich tanzend voneinander weg, bis die Platzanweiserin sie auf die Straße schiebt.

Vor dem Kino stehen bereits die Besucher der 19-Uhr-Vorstellung. Elvis Bruder Slim ist darunter. Er steht inmitten einer Gruppe lederbejackter Halbwüchsiger, von denen einer ein Kofferradio im Arm hält und die alle die gleiche Frisur tragen: vorne Schwalbe, hinten Ente.

Slim hält Frank fest. »War das was?«, fragt er und deutet mit dem Kopf auf das Kinoplakat.

Frank winkt ab: »Für Bambule müsst ihr selber sorgen.«

Rotlicht

An der Ecke Dunckerstraße verabschieden sich Frank und Kalle voneinander. Kalle bedankt sich noch mal. »Der Film war toll. Auch wenn's nicht *Tarzan und das blaue Tal* war.«

»Den sehen wir uns auch noch an«, verspricht Frank, winkt Kalle noch einmal zu und geht dann weiter.

Es ist schon lange dunkel in den Straßen, die Geschäfte haben längst geschlossen. Vor der Bäckerei Wetzel bleibt Frank stehen und besieht sich die Torten und Brote im Schaufenster. Er hat Hunger, er hat ja den ganzen Tag noch nichts Richtiges gegessen.

»Hallo, Fränkieboy!« Elvis steht hinter Frank und neben ihm stehen Zacke und Uwi. »Haste was vor?«

Frank hat nichts vor. Weder in der *Gemütlichen Ecke* noch im

Hinterzimmer brennt Licht; Onkel Willi ist also noch nicht zurück.

»Dann komm mit.«

»Wohin?«

»Wirste schon sehen.« Die vier Jungen laufen ein Stück die Straße entlang, stellen sich in den Schatten eines Hauseinganges und warten. Frank weiß immer noch nicht, worum es geht, und fragt er, grinsen Elvis, Zacke und Uwi nur geheimnisvoll. Also fragt er nicht mehr, sondern wartet nur.

Endlich laufen zwei Mädchen an den Jungen vorüber, gucken sich um, lachen.

»Das sind sie.« Elvis folgt den beiden Mädchen, und auch Zacke, Uwi und Frank setzen sich in Bewegung. Die Mädchen bleiben unter einer Laterne stehen und blicken zurück. Dann lachen sie und gehen untergehakt weiter.

Rotlicht und Bärbel aus der Nachbarklasse! Frank zögert. Rotlicht heißt Rotlicht, weil sie ständig einen roten Kopf hat. Es wird erzählt, dass sie im vorigen Jahr schwanger war und ihre Eltern sie in ein Krankenhaus brachten, damit das Kind gar nicht erst zur Welt kam. Seitdem beschäftigt Rotlicht die Phantasie der Jungen; es heißt, mit ihr könne man alles machen. Sie ist ja auch schon fünfzehn Jahre alt.

»Los! Schneller!« Elvis stößt Frank an. »Sonst entwischen sie uns noch.«

Frank wird schneller. Eine seltsame Erregung hat ihn erfasst, aber auch eine Scheu, eine Angst vor dem, was vielleicht von ihm verlangt werden könnte.

Die beiden Mädchen laufen über den Helmholtz-Platz. Auf dem Platz ist es finster, außer einem Pavillon, ein paar Büschen und Bänken, Grasflächen und einem Sandkasten gibt es dort nichts. Elvis, Uwi und Zacke werden langsamer und bleiben stehen.

»Was wollt ihr denn von denen?«, fragt Frank.

»Onkel Doktor spielen.« Elvis grinst.

Die beiden Mädchen kommen zurück, tun, als hätten sie die Jungen hier nicht erwartet, kichern und laufen in eine Seitenstraße hinein.

»Denen macht das Spaß«, staunt Zacke.

»Los, hinterher!« Elvis beginnt zu laufen und Zacke, Uwi und Frank laufen ihm nach, bis er die Arme ausbreitet und sie festhält. »Da! Da stehen sie!« Er weist auf eine Haustürnische, zieht Zigaretten aus der Tasche und verteilt sie. »Immer schön langsam«, flüstert er. »Die laufen nicht weg, die wollen was von uns.«

Die beiden Mädchen verhalten sich leise, einmal aber schauen sie nach, ob die Jungen noch da sind, und kichern wieder.

Elvis lässt die Zigarette im Mund stecken und geht mit den Händen in den Taschen auf die Mädchen zu. Zacke, Uwi und Frank bleiben dicht hinter ihm. Frank spürt, wie sein Herz klopft. Und er sieht es Uwi und Zacke an, dass es den beiden nicht anders ergeht.

Rotlicht und Bärbel ziehen sich in den Hausflur zurück, Elvis betritt den Hausflur und schaltet das Licht ein.

»Das ist gemein«, beschwert sich Bärbel. »Lasst uns in Ruhe.«

»Von dir wollen wir nichts.«

Bärbel wird rot. Sie ist ziemlich dünn und wird von den Jungen »Tischlers Tochter« genannt, ein Spitzname, den sie hasst und gegen den sie sich zur Wehr setzt. Einmal hat sie sich deswegen sogar mit einem Jungen geprügelt.

Elvis nähert sich Rotlicht, die sich mit dem Rücken an die Wand lehnt und die Jungen einen nach dem anderen anschaut. Ihre Brüste unter dem knallroten Pullover heben und senken sich. Als sie Frank ansieht, schiebt er die Hände in den Hosenbund. In einem Film hat Gary Cooper so dagestanden.

Rotlicht lächelt Elvis an. »Ihr seid ja wie die Kletten. Was wollt ihr denn von uns?«

»Schmusen«, antwortet Elvis mit bebender Stimme und legt seinen Arm um Rotlichts Schultern.

»Ist das alles?« Rotlicht guckt spöttisch.

»Nee«, sagt Elvis, lässt seine Hand herabgleiten und berührt Rotlichts Brüste.

Frank durchzuckt es. Er spürt es am ganzen Körper; es ist wie ein angenehmer Schmerz.

Rotlicht lächelt weiter. »Kannste deine Pfote nicht woanders lassen?«

»Wieso denn?« Elvis beginnt Rotlichts Brüste zu streicheln. Rotlicht schaut zur Seite, aber noch immer lächelt sie so seltsam.

Bärbel rückt von Rotlicht und Elvis ab. »Ihr Säue!«, schreit sie die Jungen an.

»Wieso denn?«, sagt nun auch Zacke, stellt sich neben Elvis und beginnt, Rotlichts andere Brust zu betasten.

Das Licht geht aus. Einen Moment lang wagt niemand, sich zu rühren. Dann läuft Bärbel zum Schalter und schaltet das Licht wieder ein. Elvis' Gesicht liegt auf Rotlichts Gesicht. Er küsst sie. Und Zacke streichelt weiter Rotlichts Brüste.

Bärbel lehnt sich in eine Ecke und starrt wütend vor sich hin. Uwi lehnt sich neben sie und guckt sie an. »Ich find's ja auch blöd«, sagt er.

»Hau ab, Wasserkopf!« Bärbel schaut zu Frank hin.

Frank wendet sich ab. Was hier passiert, erregt ihn und stößt ihn ab, beides zugleich. Das verwirrt ihn.

»Sucht euch mal 'n paar Kleenere!« Rotlicht lacht plötzlich laut auf, stößt Elvis und Zacke beiseite und läuft auf die Straße. Bärbel folgt ihr und lacht noch lauter.

»Mensch!«, stöhnt Elvis. »War das schön!« Dabei lacht er glücklich. Uwi und Zacke lachen auch, aber nicht ganz so glücklich. Und dann müssen sie nach Hause, eine Gelegenheit für Frank, sich ihnen anzuschließen.

Onkel Willi ist noch immer nicht zurück. Frank macht sich ein paar Brote, schaltet das Radio ein, wirft sich auf die Couch und isst. Elvis hat Rotlicht geküsst. Es war ein richtiger Zungenkuss.

Ob Gisela sich auch so küssen lassen würde? Von Elvis bestimmt nicht – aber vielleicht von ihm?

Er versucht, sich Gisela vorzustellen. Ihr Gesicht, ihre Augen – und die beiden Hügel. Er sieht ihr Gesicht näher kommen und näher kommen, schließt die Augen und öffnet sie wieder: Ist das Liebe, wenn er so an Gisela denkt?

Im Radio singt jemand: »Siebenmal in der Woche möcht ich ausgehn, siebenmal in der Woche nur mit dir! Siebenmal, siebenmal, das ist meine Lieblingszahl …«

Damals, als er Gisela untersuchte, da gingen sie noch nicht mal zur Schule. Jetzt würde sie sich das nicht mehr von ihm gefallen lassen, jetzt wäre das was ganz anderes …

Ob Gisela da jetzt schon Haare hat? Er hat da schon Haare, aber längst nicht so viele wie Kalle. Im Vorjahr, als sie Schwimmunterricht hatten und vor jedem Unterricht unter die Dusche mussten, hatten alle Kalles Haare gesehen und ihn beneidet; Kalle aber hatte sich dafür geschämt. Es erschien ihm unheimlich, dass er weiter war als die anderen.

Elvis sagt, die Mädchen hätten da alle schon Haare; sie wären reifer als die Jungen. Und einige haben ja auch schon ihre Tage. Immer dann, wenn sie in der Turnhalle auf dem Schwebebalken hocken und beim Turnen nicht mitmachen. Elvis verscheißert sie dann: »Na, ist Tante Rosa zu Besuch?«

Im Radio spielen sie ein schnulziges Liebeslied. Frank steht auf, schaltet das Radio aus und geht in die Küche, um sich zu waschen. Als er zurückkommt, macht er sein Bett, zieht sich aus und legt sich hin.

Liebe! Wie oft er darüber schon was gelesen hat! Aber was es wirklich ist, weiß er immer noch nicht …

Dieses ulkige Gefühl, als Elvis Rotlicht streichelte … Ob das was damit zu tun hat? Und hätte er Rotlicht auch gestreichelt, wenn er mit ihr allein gewesen wäre und sie es ihm erlaubt hätte? Vielleicht … oder besser: wahrscheinlich …

Frank steht wieder auf, holt seinen Zeichenblock aus der Mappe und beginnt zu zeichnen. So sehen Mädchen aus, wenn sie nackend sind. Er hat da mal in einer der Zeitschriften, die in Herrn Mucks Friseurgeschäft ausliegen, ein Foto von einer nackten Frau gesehen. Zwar war die Fotografie sehr undeutlich, aber er konnte sich vorstellen, wie die Frau auf dem Bild ausgesehen hätte, wenn das Foto deutlicher gewesen wäre. Das malt er nun, und wenn er auch kein guter Zeichner ist, das Wichtigste kriegt er schon hin.

A wop bop a loo …

Frank hört den Wecker rasseln und wartet darauf, dass die Mutter ihn wecken kommt. Doch noch während er das denkt, weiß er, dass die Mutter nicht kommen wird, und erschrickt über sich: Wie hatte er das vergessen können! Er schaltet die Nachttischlampe ein und stellt den Wecker ab.

Onkel Willi dreht sich auf die andere Seite. Er war gestern Abend ziemlich angetrunken gewesen und hat nicht gesagt, ob er Erfolg mit seiner Suche gehabt hatte. Franks Blick fällt auf das leere Bett neben Onkel Willi. Es sieht kalt aus, so ordentlich bezogen und unbenutzt.

In der Küche ist es dunkel, auf dem Hof ist noch Nacht. Das Wasser ist eiskalt; Frank muss sich zwingen, den Kopf unter den Strahl zu halten, um frisch zu werden. Als er dann ins Zimmer zurückkommt, ist Onkel Willi aufgewacht und sieht ihn an. »Heute Mittag kommt die Aushilfe«, sagt er. »Sei nicht allzu unfreundlich zu ihr, damit sie uns nicht gleich wieder wegläuft.«

Frank nimmt seine Mappe und geht auf die Straße. Es ist ein wolkenreicher, feuchter Tag. Er ist spät dran, müsste sich beeilen, aber er beeilt sich nicht: Wenn er sowieso zu spät kommt, ist es egal, ob fünf, zehn oder zwanzig Minuten.

Heute kommt sie also schon, die Aushilfe! Er hätte gerne gewusst, wo Willi sie so schnell aufgegabelt hatte. Bestimmt in einer der Kneipen, in der er gestern war.

Im Schulgebäude ist es still, es hat bereits geklingelt. Vor der Tür mit dem Schild 8b bleibt Frank stehen und lauscht, kann aber nichts hören. Also klopft er, öffnet die Tür – und bleibt erschrocken stehen: Er hatte erwartet, dass die Jungen und Mädchen über ihren Heften und Büchern sitzen und ihn angrinsen würden, wie alle Zuspätkommenden angegrinst wurden, hatte sich schon ein kühles Lächeln zurechtgelegt, mit dem er das Grinsen erwidern wollte – doch nun grinst keiner, alle stehen sie neben den Tischen, auf denen ihre Taschen und Mappen liegen, und sehen ihn nur an.

»Komm nur rein!« Jochen, der rothaarige Pionierleiter im blauen Hemd der FDJ*, steht zwischen den Tischen und hält eine Mappe in der Hand. »Ich hatte schon befürchtet, dass ausgerechnet du heute fehlst.«

Mappenkontrolle! Jochen und Frau Hagen suchen nach Comics. Nur langsam geht Frank auf seinen Platz und stellt sich neben seinen Tisch. In der ersten Stunde hätten sie eigentlich Staatsbürgerkunde gehabt, wie das ehemalige Fach Gegenwartskunde jetzt heißt, und Stabü ist ein gemütliches Fach, eines, das ihm keinen Kummer macht – und nun das! Jochens allmonatliche Comic-Aktion.

Frank hat nichts gegen Jochen, der noch nicht lange an der Schule ist und doch schon so viele Kinobesuche, Fußballspiele und Bastelkurse organisiert hat. Er gibt sich große Mühe, eine attraktive Pionierarbeit aufzubauen, wie er das nennt. Andererseits aber ist er auch unheimlich streng und genau. Besonders wenn es um Dinge geht, die aus dem Westen kommen. Bis jetzt hat er aber offensichtlich noch keine Comics gefunden, er sieht sehr unzufrieden aus. Nun aber nähert er sich Uwi und bei dem wird er bestimmt was finden; Uwi ist schon ganz blass vor Angst. Wenn seine Großeltern erfahren, dass er in der Schule aufgefallen ist, bestrafen sie ihn. Der Großvater schlägt und die Großmutter erteilt wochenlangen Stubenarrest.

»So unruhig?« Jochen nimmt Uwis Mappe, schüttet den Inhalt aus und hält triumphierend zwei Comics hoch, einen *Supermann* und einen *Kater Felix*. »Na?«, fragt er. »Mit wem wolltest du die tauschen?«

Uwi wirft einen flüchtigen Blick auf Frank und schaut gleich wieder weg.

»Unser Kneipier!«, freut sich Jochen. Er reicht Frau Hagen, die hinter ihm hergeht, Uwis Comics und nähert sich Frank. »Wie viel von dem Schundzeug hast du denn in deiner Mappe?«

Frank wird es heiß, aber nicht wegen der Comics, die er wie immer mit Uwi tauschen wollte, sondern wegen der Zeichnung! Er hatte doch gestern Abend die nackte Frau gezeichnet … Und als dann Onkel Willi kam, hat er sie nur einfach schnell in die Mappe geschoben. Und da liegt sie jetzt noch immer, gleich obenauf …

»Bitte schön!« Frank öffnet seine Mappe und reicht Jochen die beiden Comics. Dann schiebt er die Mappe in das Fach unter dem Tisch, setzt sich auf seinen Stuhl und verschränkt die Arme über der Brust.

»Von Setzen war keine Rede.« Jochen zieht Frank vom Stuhl, holt seine Mappe unter dem Tisch hervor und dreht sie über dem Tisch um. Hefte, Bücher und die Federtasche fallen heraus. Und eine Menge loser Blätter. Eines dieser Blätter segelt vom Tisch und bleibt direkt vor Frau Hagens Füßen liegen. Eine nackte Frau ist darauf zu sehen. Und darunter steht: Gisela.

In der Klasse wird gekichert und Gisela wird feuerrot. Frau Hagen guckt erst verdutzt und muss dann schmunzeln, Jochen aber wird wütend: »So einer bist du also! Na, mit dir werde ich mich in der nächsten Zeit ein bisschen näher befassen. Da kannst du Gift drauf nehmen.«

Frank blickt auf seinen Tisch. Er schämt sich. Aber er schämt sich nicht vor Jochen oder Frau Hagen, sondern nur vor Gisela.

An diesem Tag vergehen die Stunden nur langsam. Frank muss sich immer wieder ablenken, um nicht zu Gisela hinzuschauen, die ihn nun keines Blickes mehr würdigt. Und um nicht andauernd hinschauen zu müssen, aber doch irgendwas zu tun, ritzt er mit seinem Taschenmesser eine Zeichnung in den Tisch. Es wird eine kleine Insel mit einer riesigen Palme, von Wellen umspült. Danach kramt er seine Buntstifte hervor und malt die Zeichnung aus: die Blätter der Palme grün, den Baumstamm braun, die Insel gelb, das Meer blau.

Wenn er auf einer Insel lebte, ganz für sich allein, das wäre etwas! Dann würde er tun, was er will, und niemand dürfte ihn dabei stören. Außer Kalle vielleicht. Und Gisela. Aber Gisela wird nicht auf seine Insel kommen. Und sie hat Recht, schließlich hat er ja nicht nur sich, sondern auch sie blamiert.

»Frank!« Mäxchen zischt Franks Namen, andere fallen ein, aber Frank wird erst aufmerksam, als der Russischlehrer bereits neben ihm steht. »Was machst du denn da?«, fragt Herr Gregor.

Frank nimmt die Hand weg.

»Du scheinst ja ein großer Künstler zu sein.« Herr Gregor rückt sich seine Brille zurecht. Frank zuckt die Achseln. Er ist unsicher: Weiß der Gregor von der nackten Gisela oder hat er das nur wegen der Insel gesagt? Es ist die letzte Stunde, vielleicht hat sich inzwischen unter den Lehrern herumgesprochen, was Jochen in seiner Mappe gefunden hat.

»Bei deinen Leistungen in meinem Fach wäre es besser, du würdest aufpassen.«

»Wozu?«, fragt Elvis laut. »Meine Mutter sagt, wir sollen erst mal richtig Deutsch lernen.«

Ausgerechnet Elvis muss das sagen, der fast in jedem Diktat

eine Vier oder Fünf schreibt. Die Klasse wird unruhig, es wird getuschelt; Frank wünscht sich weg.

Herr Gregor rückt schon wieder an seiner Brille herum. Er ist oft so nervös. »Denken viele Eltern so?«

»Na klar!«, trompetet Elvis. »Warum lernen wir nicht Englisch? Die ganze Welt spricht englisch. Außerdem könnten wir dann die Schlager verstehen.« Er klopft auf den Tisch und intoniert: »See you later, alligator, dibdididi!« Und als Herr Gregor nichts sagt, sondern nur verwundert guckt, fordert er Frank auf mitzumachen. »Los! Zeigen wir mal, wie gut wir Englisch können.«

Lustlos nimmt Frank sein Lineal und klatscht es im Rhythmus auf sein Russischbuch: »Dabidubi, Rock'n'Roll!«

»Bitte!«, sagt Herr Gregor. »So geht das doch nicht.«

»So geht's prima!«, strahlt Elvis, nimmt ebenfalls sein Lineal und beginnt einen neuen Song: »A wop bop a loo bop a lop bam boom …«

»Hört auf!« Herr Gregor schreit plötzlich. Er wird ganz rot und bekommt kaum Luft.

Elvis dreht seinen Stuhl herum, setzt sich rittlings drauf, legt die Arme auf die Lehne und stützt sein Kinn in die Fäuste. »Lernen Sie Ihr Chinesisch doch allein. Frank und ich haben Besseres zu tun.«

Hilflos schaut Herr Gregor zu Frank hin. Doch Frank senkt nur den Blick, widerspricht Elvis nicht.

Vier Millionen

Eine dunkelblonde Frau im weißen Kittel geht mit dem Tablett in der Hand von Tisch zu Tisch und serviert. Frank steht mit seiner Mappe hinter der Theke, zapft sich ein Malzbier ab und muss die Frau immer wieder ansehen: Sie trägt Mutters Kittel.

Die Frau geht ungeschickt mit dem Tablett um. Wenn sie es mit einer Hand hält, um mit der anderen ein Glas auf einen Tisch zu stellen, geraten die Gläser auf dem Tablett ins Rutschen. Onkel Willi aber scheint für den Anfang nicht unzufrieden zu sein. »Das ist der Frank, mein Sohn«, sagt er, als die Frau mit dem leeren Tablett zurückkommt. Und zu Frank: »Sag Guten Tag.«

Die Frau ist blass und unsicher, kleine Schweißperlen stehen ihr auf der Stirn. »Schipprowski«, sagt sie, »Gertrud Schipprowski«, und streckt Frank die Hand hin.

Frank gibt der Frau die Hand, nimmt sein Malzbier und geht an ihr vorbei in die Küche.

In der Küche sieht es aus, als wäre es Frühling. Die Sonne, die nun doch noch herausgekommen ist, wirft einen Strahl quer über den Fußboden. Und es duftet. Die Frau hat einen Eintopf gekocht; gleich am ersten Tag hat sie gekocht! Frank überlegt erst einen Moment, dann füllt er sich einen Teller ab und isst auch noch einen zweiten Teller voll davon. Er hat schon lange nichts Warmes mehr gegessen. Und während er isst, denkt er nach: Was ist das für eine Frau, diese Gertrud Schipprowski? Wieso konnte sie so schnell bei ihnen anfangen?

Es klopft an die Fensterscheibe. Hotte! Wie immer steht er auf dem Hof und späht dort, wo die Gardinen nicht hinreichen, in die Küche hinein, bevor er an die Hintertür klopft. Die Gaststube betritt er nie.

Hat Gisela etwa ihrem Bruder von der Zeichnung erzählt? Vorsichtig öffnet Frank das Fenster und Hotte lehnt sich an die Gitterstäbe. »Ich wollte nur mal bei dir vorbeischaun. Wie geht's dir denn so?«

Hottes blondes Haar glänzt in der Sonne und ein letzter Rest von Sommerbräune ist auch noch in seinem Gesicht. Er sieht gut aus, und dass er tagsüber zu Hause ist, ist kein Wunder; er studiert ja nun, macht endlich das, was er immer schon wollte, wird Bildhauer.

Frank setzt sich auf den Fenstersims. »Wie immer«, sagt er nur.

»Ich wäre schon längst mal gekommen«, sagt Hotte, »aber ich dachte, es ist besser, ich warte noch ein wenig. Helfen kann dir ja doch keiner.«

Als Burkie starb, war Hotte gleich gekommen, aber da war er nicht zwanzig, sondern vierzehn. Das ist ein Unterschied.

Hotte bietet Frank einen Kaugummi an, schiebt sich selber einen in den Mund und sagt wie nebenbei: »Die Gisela mag dich. Sie hat gestern den ganzen Tag von dir gesprochen.«

Also doch! Wegen der Zeichnung ist er gekommen.

»Und als sie heute aus der Schule nach Hause kam, hat sie geheult und auf dich geschimpft. Hast du sie geärgert?«

Frank kann nicht die Wahrheit sagen, aber anlügen will er Hotte auch nicht. »Ja«, sagt er leise.

»Dann mach's wieder gut«, bittet Hotte. »Sie nimmt sich immer alles so zu Herzen, weißte.«

Frank nickt. An ihm soll's nicht liegen.

Hotte nickt auch, kneift ein Auge zu und geht wieder.

»Na? Schmeckt's?« Frau Schipprowski steht in der Tür.

Frank setzt sich, isst weiter und sagt höflich: »Ja, danke.«

»Das freut mich.« Die Frau lächelt Frank zu. »Wenn du einen Wunsch hast, musst du's mir sagen. Ich meine, wenn du ein Lieblingsgericht hast.«

Frank schüttelt den Kopf.

»Du hast kein Lieblingsgericht?«

»Nein.«

Die Frau schweigt. Dann sagt sie: »Ich kann dich verstehen.«

Frank steht auf, geht an der Frau vorüber und aus der Hintertür. Dann steht er auf der Straße und blickt sich um. Wo soll er hin? Was soll er tun?

Kalle. Er wird zu Kalle gehen. Vielleicht können sie zusammen Karten spielen. Frank wandert die Raumerstraße hoch, biegt in die Duncker ein, betritt das Haus, in dem Kalle wohnt, und geht langsam über die Höfe, die an diesem Tag so leer und still sind, als ob alle Kinder ausgezogen wären. Die grüne Tür ist zu. Er klopft, wartet einen Moment und klopft, als er nichts hört, ein zweites Mal, diesmal lauter.

Alles bleibt still, niemand öffnet. Das ist seltsam, irgendeines der Kinder ist doch sonst immer da. Er überlegt einen Moment, dann setzt er sich auf die Stufen vor der Tür. Er weiß ja doch nicht, was er sonst tun soll.

Es ist immer noch so still auf dem Hof. Fast so, als ob Sonntag wäre. Doch wenn er genau hinhört, ist keine Stille. Irgendwo spielt ein Radio. Es ist Nachrichtenzeit. Und in einer Küche schimpft eine Frau mit einem Kind.

Frank schaut von Fenster zu Fenster. Wie viele Menschen hier leben! Neben-, über- und untereinander. Und jeder hat Sorgen und Probleme. Und sicher denkt jeder, nur er hat Sorgen und Probleme. Ihn fröstelt plötzlich, er kann nicht länger warten, geht vom Hof und ein Stück die Straße entlang. Schließlich biegt er in die Stargarder Straße ein, überquert die Schönhauser Allee und geht an den Sportplätzen der Cantianstraße entlang. Er hört die Rufe der Jungen, die Fußball spielen und sich gegenseitig anfeuern, bleibt stehen und schaut ihnen zu.

Hier ist es gewesen, hier ist Burkie verunglückt. Wenn der Bruder noch leben würde, wäre er jetzt genauso alt wie Hotte. Aber da er nicht mehr lebt, ist er immer noch vierzehn. Jedenfalls in seiner Erinnerung.

Das ist seltsam, das heißt ja, dass Burkie, wenn er, Frank, eines Tages ein erwachsener Mann ist, noch immer vierzehn ist – und dass er, der kleine Bruder, dann sogar sein Vater sein könnte. Ein komischer Gedanke.

Frank geht weiter, geht und geht und fühlt sich immer einsamer. Fast vier Millionen Einwohner hat Berlin und unter all diesen Millionen ist keiner, zu dem er jetzt gehen könnte; Kalle ist nicht da und Gisela ist sauer auf ihn. Und zu Hause ist diese fremde Frau in Mutters Kittel, die behauptet, dass sie ihn verstehen kann.

Kino! Er muss ins Kino gehen, das Kino ist der einzige Ort, wo er hinkann, wo es warm und einigermaßen gemütlich ist – und wo er abgelenkt wird von all diesen Gedanken.

Frank beginnt zu laufen, die ersten Vorstellungen müssen bald beginnen und in der Schönhauser Allee sind vier Kinos, in denen sie manchmal ganz brauchbare Filme bringen. Er läuft durch eine Querstraße und steht auch schon vor dem ersten der vier Kinos, es ist das *Mila,* ein ziemlich großes, aber nicht sehr schönes Filmtheater.

Stärker als die Nacht heißt der Film, den sie im *Mila* spielen. Es ist ein Defa-Film* und handelt von der Nazi-Zeit, das sieht Frank schon an den Fotos in den Vitrinen. Kurz entschlossen kauft er sich eine Karte und betritt den fast leeren Kinosaal. Außer ihm wollen nur zwei alte Männer und eine junge Frau diesen Film sehen, kein gutes Zeichen. Doch der Film, der dann beginnt, packt ihn. Er handelt vom Widerstand gegen Hitler und schildert die gefährliche Arbeit der Widerständler und die Folter, der sie ausgesetzt waren, wenn die Nazis ihrer habhaft wurden.

Frank fiebert mit den Helden mit, leidet mit ihnen und freut sich, wenn eine Aktion gelingt. Als der Film dann zu Ende ist, steht er unschlüssig vor dem Kino. Wo soll er jetzt hin? Um noch zu Kalle zu gehen, ist es nun zu spät. Aber nach Hause will er auch noch nicht. Er zögert einen Moment, dann geht er an die Kasse und kauft sich noch eine Karte – für die nächste Vorstellung.

Die Frau hinter dem Kassenschalter erkennt ihn wieder und guckt verwundert.

»Ist der Film denn so gut?«

»Ja«, sagt Frank. Und das ist nicht gelogen, auch wenn die Frau ihm das nicht abnimmt.

Hinter der Tür

Aus der *Gemütlichen Ecke* dringt Gesang. Der Gesangverein tagt. Frank stößt die Tür auf und betritt den verräucherten Raum. Der Gesang verstummt und Herr Bessel, der mit einem Glas Bier und einer Zigarette in der Hand vor der Theke steht, schaut Onkel Willi höhnisch an. »Da ist er ja wieder, dein Filius!«

Onkel Willi lässt den Zapfhahn los, kommt um die Theke herum, hält Frank an den Schultern fest und schreit: »Wo kommst du her? Weißt du, wie spät es ist?«

Frank schaut auf die große, runde Uhr über dem Stammtisch. »Halb zwölf.«

»Und wo warst du?«

»Im Kino.«

Eine Sekunde lang ist Onkel Willi sprachlos, dann schreit er: »Und das sagst du mir ins Gesicht? Kommst um Mitternacht aus dem Kino und tust, als sei nichts dabei?« Er holt aus, aber Frank taucht weg; er trifft nur seinen Hinterkopf.

»Nicht schlagen.« Frau Schipprowski stellt ein Tablett mit leeren Gläsern ab und legt Onkel Willi die Hand auf den schon wieder erhobenen Arm. Onkel Willi lässt die Hand sinken. »Verschwinde!«

Frank schiebt die Hände in die Hosentaschen und geht langsam ins Hinterzimmer. Auf dem Tisch neben der Couch steht ein Teller mit einem Berg Brote. Die muss die Schipprowski gemacht haben. Auf jeder Wurstscheibe liegt ein Stück Gurke. Er nimmt sich ein Brot, legt sich auf die Couch und beginnt zu essen.

Das kennt er nun schon, diese abendlichen Auftritte in der Gaststube. Das war auch als die Mutter noch lebte nicht anders; er kam ja oft erst spät nach Hause. Aber wenn die Mutter mit ihm schimpfte, tat es ihm Leid, dass er ihr Kummer gemacht hatte; wenn Onkel Willi schreit, tut es ihm nicht Leid; das ist der Unterschied.

Der Gesangverein singt wieder. Nach *Man müsste noch mal zwanzig sein* kommt *Vor meinem Vaterhaus steht eine Linde.*

Frank muss Lied um Lied mit anhören und isst dabei weiter, bis er den Teller leer gegessen hat. Erst dann steht er auf, geht in die Küche und wäscht sich. Danach macht er sein Bett, legt sich hinein und liest. Er hat da gerade ein neues Buch angefangen, es heißt *Im Westen nichts Neues* und erzählt vom 1. Weltkrieg; also von dem Krieg, in dem Onkel Willi Soldat war. Es ist eigentlich ein Buch für Erwachsene, aber es ist sehr leicht geschrieben; so, als ob der Hauptheld, ein junger Mann, die Geschichte selber erzählt.

Frank ist bald weg, wie immer, wenn er liest; für ihn gibt es nichts Schöneres als Lesen, nicht mal Kino. Im Kino rauscht der Film an einem vorüber und man muss sich, wenn man hinterher über alles nachdenken will, erst wieder an die einzelnen Szenen erinnern – beim Lesen kann man anhalten, nachdenken oder sich irgendwas vorstellen und dann weiterlesen. Und wenn das Buch so spannend und bewegend ist wie die Erlebnisse der jungen Soldaten in diesem Buch, dann sieht er auch alles vor sich – genauso wie im Kino.

In der Gaststätte wird geschrien, Stühle fallen, etwas Schweres poltert zu Boden. Frank legt sein Buch beiseite, schiebt einen Stuhl vor die Tür und steigt hinauf. Die beiden oberen Rechtecke in der Tür sind aus bemaltem Glas. In der einen Ecke des Blumenmusters hat die Mutter etwas Farbe weggekratzt; wenn man mit einem Auge dicht an die frei gekratzte Stelle geht, kann man das ganze Lokal überblicken.

Zwei Betrunkene schlagen aufeinander ein, sie stürzen über Tische und Stühle. Der eine blutet schon aus der Nase, das ganze Gesicht ist verschmiert.

Es passiert oft, dass Betrunkene sich schlagen. Die Mutter ließ das nicht zu, sie ging dann dazwischen. Frau Schipprowski aber steht nur wie erstarrt da. Bestimmt erlebt sie so was zum ersten

Mal. Und Onkel Willi rührt sich auch nicht, schüttelt bloß den Kopf. Auch komisch: Wenn er vom Krieg erzählt, tut er immer so, als ob er sonst was für ein Held gewesen ist, doch zwei Betrunkene auseinander zu bringen, wagt er nicht.

Herr Modersohn ist aufgestanden, redet auf die beiden Kampfhähne ein. Es sieht komisch aus, wie er dabei immer wieder zur Seite springen muss; er ist ja wirklich ein sehr kleiner Mann und die beiden Schläger sind ziemlich groß.

Es ist unfair, dass die körperlich Starken sich immer wieder durchsetzen. Aber bei den meisten Männern ist das so. Und in der Schule ist es nicht anders, da hat auch immer der körperlich Stärkste die größte Klappe …

Herr Modersohn hat es geschafft, die beiden Betrunkenen lassen voneinander ab, blicken sich nur noch drohend an, während der kleine Schneidermeister weiterhin begütigend auf sie einredet.

Frank legt sich wieder hin, liest aber nicht gleich weiter. Betrunkene sind schwer zu verstehen; Betrunkene können nicht denken, sie schlagen einfach zu, wenn ihnen was nicht passt; Betrunkene machen ihm Angst.

Mein linker Stuhl ist leer

Frank steht allein auf dem Schulhof. Er ist der Allererste, der darauf wartet, in das Schulgebäude gelassen zu werden. Das ist ihm noch nie passiert und schuld daran ist nur dieser Traum. Er hatte geträumt, die Mutter wäre wieder da, rede mit ihm und bäte ihn, doch mit Onkel Willi auszukommen. »Du hast doch niemand anderes«, sagte sie und sah ihn an, wie sie ihn in der letzten Zeit oft angeblickt hatte: besorgt darüber, dass sie ihn nun doch nicht mehr großkriegen würde. Über diesem Traum war er aufgewacht und hatte nicht mehr einschlafen können, hatte wach im Bett gelegen und leise vor sich hingeheult. Und nun steht er auf dem Schulhof, todmüde und doch hellwach, und würde am liebsten gleich wieder nach Hause gehen, sich ins Bett legen und weiterheulen.

Wenn jetzt wenigstens Gisela käme, dann wären sie endlich mal miteinander allein und er könnte mit ihr reden. Doch Gisela kommt nicht, andere Mädchen kommen, gucken ihn verwundert an, zeigen sich gegenseitig ihre Schulhefte mit den Hausaufgaben und vergleichen die Ergebnisse. Endlich kommt wenigstens Uwi. Während des Unterrichts schaut Frank ein paar Mal zu Gisela hin, aber Gisela schaut stur geradeaus.

Dann ist große Pause. Zu zweit oder dritt gehen die Schüler im Kreis herum, nutzen das ganze Schulhofquadrat und gehen linksherum, so wie die Lehrer es wollen. Sie essen ihre Brote und unterhalten sich und kleinere Jungen oder Mädchen, die immer wieder mal ausbrechen, werden von den Lehrern zurückgescheucht. Frank geht zwischen Elvis und Uwi und hört zu, was Elvis von Slim erzählt. Drei Reihen vor ihnen gehen Zacke, Rita und Gisela. Gisela hat ihn immer noch nicht angeschaut. Dafür lacht sie mit Zacke.

Er müsste ihr sagen, dass Zacke Rotlichts Brust gestreichelt hat. Dann würde ihr das Lachen vergehen, dann würde sie wissen, dass Zacke auch nicht besser ist. Aber dann würde sie ihn für einen armseligen Verräter halten, und das wäre er dann ja auch.

Rotlicht und Bärbel winken von der anderen Seite des Kreises herüber. Elvis vergisst Slim. »Wollen wir uns mit ihnen verabreden?«, fragt er Frank. »Ich mich mit Rotlicht, du dich mit Bärbel?«

Eigentlich müsste er Ja sagen. Schon um Gisela zu zeigen, dass er es nicht nötig hat, ihr nachzulaufen. Aber Frank sagt nicht Ja – er möchte mit Gisela reden, nicht mit Rotlicht oder Bärbel.

Nach der großen Pause wartet die Klasse auf Frau Hagen. Doch die Lehrerin kommt und kommt nicht.

»Die traut sich nicht«, freut sich Elvis. »Der Gregor hat ihr bestimmt erzählt, was gestern in der letzten Stunde los war.«

»Quatsch!« Rita tippt sich an die Stirn. »Frau Hagen und sich nicht trauen!«

Elvis grinst Rita an. »Sei lieber still. Sonst schicke ich dir Frank mit dem Zeichenblock.« Einige Jungen lachen, andere grinsen nur. Frank grinst nicht. Er schaut zu Gisela hin, die neben Rita sitzt und so tut, als hätte sie nichts gehört.

»Du findest das wohl toll, was ihr gestern angestellt habt?« Rita ist Gruppenratsvorsitzende bei den Jungen Pionieren und fühlt sich für alles verantwortlich, was in der Klasse geschieht.

»Frank kann prima zeichnen«, fährt Elvis fort. »Er zeichnet dich nackend mit Blautüchlein. Das wird ein Bild! Das kommt dann auf eines eurer Plakate: Für Frieden, Freundschaft und Völkerverständigung!«

»Wenn du das nicht sofort zurücknimmst ...« Rita ist aufgestanden.

»Was ist dann?« Elvis reckt das Kinn, Rita ist größer als er.

Rita lässt Elvis stehen und setzt sich hin: Frau Hagen hat die Klasse betreten. Ernst und ohne zu grüßen geht sie an den Schülern vorbei und legt ihre Tasche auf den Lehrertisch.

Es liegt was in der Luft. Frank senkt den Kopf und fährt mit dem Zeigefinger über seine Insel mit der Palme. Am besten, er tut, als gehe ihn das alles überhaupt nichts an.

»Mir scheint, einige von euch haben vergessen, wo sie sich hier befinden«, beginnt Frau Hagen. Und dann geht sie in der Klasse auf und ab und sagt, sie sei nicht gewillt, die Ereignisse des Vortages so einfach zu schlucken. Erstens wisse jeder, dass es verboten ist, Comics zu besitzen, zweitens stünde in den Comics nichts als Blödsinn und drittens wäre die Schule keine Comic-Tauschzentrale. Frank sinkt immer mehr in sich zusammen. Wird Frau Hagen auch auf die Sache mit Herrn Gregor zu sprechen kommen? Dafür schämt er sich am meisten.

Frau Hagen kommt darauf zu sprechen. »Herr Gregor ist ein feiner Mensch«, sagt sie. »Als einer der wenigen seiner Generation hat er aus Krieg und Gefangenschaft nicht nur was gelernt, sondern das Gelernte auch in die Tat umgesetzt. Er ist Russischlehrer geworden, weil er mithelfen will, uns die russische Kultur näher zu bringen. Er will Verständnis zwischen den Völkern, damit nie wieder ein Krieg ausbricht.« Sie wird leiser, ein drohender Unterton liegt in ihrer Stimme: »Ich werde nicht dulden, dass zwei Jungen, die vor den anderen angeben wollen, einem solchen Menschen das Leben schwer machen.«

Elvis nimmt sein Lineal und klopft auf den Tisch: »A wop bop a loom, a wop bop bop …«

Frank greift nach Elvis' Lineal und legt es weg.

Es ist still in der Klasse, alle schauen zu Elvis und Frank hin. »Spinnst du?«, fragt Elvis.

Frank antwortet nicht und Frau Hagen übergeht den Vorfall. »Einige von euch werden jetzt die Plätze tauschen«, fährt sie fort. »Ich bitte mir aus, dass darüber nicht diskutiert wird. Diese Maßnahme ist leider notwendig, damit in der 8b wieder unterrichtet werden kann.«

Eine neugierige Unruhe entsteht: Wer kommt zu wem?

Elvis und Frank müssen auseinander, das ist keine Sensation, das wurde erwartet, aber was danach kommt, ist eine: Elvis zieht zu Rita, Gisela zu Frank.

Frank glüht und Gisela glüht auch. Die ganze Klasse starrt die beiden an. Zum Glück protestiert Rita laut, die Klasse wird abgelenkt.

»Neben dem soll ich sitzen? Ausgerechnet neben dem?«

»Warum denn nicht?« Elvis macht es sich neben Rita bequem. »Vielleicht trete ich sogar eurem Verein bei. Du musst mich nur überzeugen.«

»Es muss sein«, sagt Frau Hagen, »aber ich möchte nicht erläutern, warum ich so und nicht anders entschieden habe. Ich möchte, dass ihr darüber nachdenkt und selber dahinter kommt.«

Danach werden weitere Mappen gepackt, Stühle gerückt, Plätze getauscht; Frau Hagen hat einen Plan ausgearbeitet, fast jeder bekommt einen neuen Nachbarn.

»Mein linker Stuhl ist leer, ich wünsch mir Elvis Presley her.« Oder: »Auf jeden Topf passt ein Deckel, wenn er nur nicht klappert«, kommentiert Elvis die Umversetzungen und bringt damit die Klasse wieder zum Lachen. Nur Rita lacht nicht. »Wenn du mich störst, kleb ich dir eine«, sagt sie.

Elvis hält ihr die Wange hin: »Jede Ohrfeige – ein Kuss!«

Rita schlägt zu, Elvis wird knallrot. »Na warte!«, sagt er. »Das zahl ich dir heim.«

Frau Hagen muss lachen, hat auf einmal gute Laune, setzt sich auf den Lehrertisch und sagt, dass die Schule verbilligte Theaterkarten bekommen habe. »Für den Samstag vor den Herbstferien. Es gibt den *Nathan,* ein Stück von Lessing. Und da wir den Lessing gerade durchnehmen, dachte ich, es wäre gar nicht schlecht, wenn wir gemeinsam hingehen würden.«

Der Vorschlag lässt die Umversetzungen in Vergessenheit geraten, Getuschel setzt ein.

»Wer mitgehen möchte, bitte den Arm hoch.«

Alle heben den Arm; Elvis allerdings erst, als er sieht, dass er sonst der Einzige wäre, der ihn nicht hebt.

»Und wie viel kosten die Theaterkarten?«, fragt Julia.

»Das Geld für das Theater verdienen wir uns hinterher: beim Kartoffelsammeln in den Herbstferien. Die Schule legt es solange aus.«

Julia ist erleichtert, aber Elvis legt sich in seinen Stuhl zurück und kippelt damit herum. »Ohne mich! In den Ferien will ich mich erholen und nicht bis zu den Knien im Dreck stecken.«

»Wir zwingen niemanden«, entgegnet Frau Hagen, »aber wir freuen uns über jeden, der mitmacht.«

»Auch über mich?« Elvis grinst frech, aber ein Schuss verlegene Neugier ist auch dabei.

»Auch über dich«, bestätigt Frau Hagen. Und sie fügt ganz ernst hinzu: »Über dich besonders.«

Zwei arme Würstchen

Onkel Willi und Herr Bessel sitzen am Stammtisch, trinken Bier und Schnaps und haben Stöße von Lottoscheinen vor sich liegen, auf denen sie nach einer Liste Zahlen ankreuzen. Sie spielen nach System, träumen vom großen Gewinn, der sie aller Sorgen entledigt, steigern sich richtig in eine Schwärmerei hinein, wenn sie davon reden, was sie alles mit dem Geld machen, wenn sie erst gewonnen haben.

Frank geht hinter die Theke, um sich die Zeitung und ein Malzbier zu holen. Frau Schipprowski, die aus einer bereiften Flasche klaren Schnaps in die Gläser füllt, lächelt ihm zu. »Du liest Zeitung? Das ist aber ungewöhnlich!«

»Nur den Sportteil.« Frank lässt das schäumende braune Bier in sein Glas laufen. Er liest nicht nur den Sportteil, er liest auch den Kulturteil, weil dort neue Bücher vorgestellt und Filme besprochen werden, aber das sagt er nicht. Das hat er einmal gesagt, an dem Tag, an dem er zwölf wurde und ihn die Geburtstagsgesellschaft im Hinterzimmer auf seinen Lesehunger ansprach. Die Mutter hatte über seine Antwort nur gelächelt, die Verwandten und Bekannten aber sahen ihn an, als wäre er ein Angeber.

Onkel Willi winkt Frank zu sich. »Nach dem Essen bringst du die Lottoscheine weg und dann reden wir mal miteinander. Von Mann zu Mann!«

Es gibt Bratwurst mit Grünkohl. Frank hat einen unbändigen Appetit; er isst, bis ihm der Bauch schwer wird. Dann wartet er darauf, dass die Schipprowski kommt und ihn fragt, wie es geschmeckt hat. Als sie nicht kommt, geht er in die Gaststube zurück und lässt sich von Onkel Willi die Päckchen mit den Lottoscheinen und das Geld geben.

Auf der Straße treiben Blätter im Wind. Frank lässt sich Zeit, tritt ab und zu auf so ein fliegendes Blatt, um dann plötzlich den Fuß zu heben und es weiterpurzeln zu lassen.

Der alte Herr Klenke, der in seinem Tabakladen die Lottoannahmestelle betreibt, stöhnt auf, als er Frank sieht – jetzt bekommt er zu tun. Frank lässt den glatzköpfigen Mann mit der Brille stempeln und sortieren und schaut sich währenddessen in dem kleinen Laden um. Die Zigarrenkisten mit den verschiedenen ausländischen Aufklebern gefallen ihm. Als er noch seinen kleinen Zoo hatte, holte er sich von Herrn Klenke manchmal eine leere Kiste, um seinen weißen Mäusen, den Eidechsen und Fröschen daraus kleine Behausungen zu bauen. Doch das ist nun schon lange her, über drei Jahre.

Endlich ist Herr Klenke fertig und kassiert das Geld. »Bis zum nächsten Mal«, verabschiedet er Frank. Frank nickt nur wie abwesend: Gisela hat den Laden betreten, hält ebenfalls Lottoscheine in der Hand. Als sie ihn sieht, wird sie rot und guckt weg.

Frank verlässt Herrn Klenkes Laden, bleibt aber vor der Tür stehen, und als Gisela wieder herauskommt und, ohne ihn auch nur anzusehen, an ihm vorbei will, bittet er sie: »Warte doch mal! Ich will dir was sagen.«

»Was denn?« Gisela macht ein ablehnendes Gesicht.

»Das mit der Zeichnung … das … du weißt schon.«

»Das war eine Gemeinheit!«, unterbricht ihn Gisela. »Das vergesse ich dir nie.«

Frank will weiterreden, will Gisela alles erklären. Er möchte ihr klarmachen, dass er nicht schlecht von ihr dachte, als er sie zeichnete, aber Gisela lässt ihn einfach stehen, sagt nicht mal tschüs!

Onkel Willi nimmt die abgestempelten Lottoscheine und geht mit Frank ins Hinterzimmer. Dort legt er die Scheine in eine Kassette und tut eine Zeit lang, als müsse er irgendwelche Papiere ordnen. Erst als Frank schon glaubt, er habe es sich anders überlegt und das angekündigte Gespräch bliebe aus, dreht er sich um. »Lass uns vernünftig miteinander reden«, bittet er Frank, setzt sich zu ihm an den Tisch und sagt, dass das mit der Mutter unabänderlich gewesen sei, sozusagen Schicksal. Sie müssten damit leben und sehen, wie sie ohne sie fertig würden. Frau Schipprowski könne ihnen dabei eine große Hilfe sein; sie solle ja nicht nur servieren, sondern sich auch um den Haushalt kümmern: kochen, Wäsche waschen, die Kleidung in Ordnung halten, putzen. Deshalb habe er auch keine Serviererin eingestellt, sondern eine allein stehende Frau, die bereit sei, alles zu tun. Er räuspert sich und blickt zur Zimmerdecke hoch. »Natürlich muss sie das Servieren erst noch lernen.«

»Wo hast du sie denn aufgegabelt?«

»In einem der Restaurants, die ich am Dienstag besucht habe.« Es kostete Onkel Willi Mühe, Frank die Frage zu beantworten. Am liebsten hätte er gesagt: Das geht dich gar nichts an! Oder: Wie sprichst du überhaupt mit mir? Frank sieht das, aber er sieht auch: Onkel Willi will wirklich vernünftig mit ihm reden, gibt sich Mühe.

»Wir müssen einen neuen Anfang finden und wir werden einen neuen Anfang finden. Und wenn du Sorgen oder Fragen hast, komm zu mir. Dafür bin ich ja da«, sagt er nun.

»Hast du schon einen neuen Grabstein bestellt?«

Die Frage kommt so plötzlich, sie macht Onkel Willi gleich wieder unsicher. »Wie kommst du denn darauf?«

»Nur so.« Frank hatte mit angehört, wie Tante Hille Onkel Willi nach der Beerdigung riet, doch für Burkie und die Mutter einen gemeinsamen Grabstein aufstellen zu lassen, wo sie doch so dicht nebeneinander liegen. Es war im Taxi gewesen und Onkel Willi hatte dabei aus dem Fenster geschaut und immer nur »Ja, ja« und »Sicher, das machen wir« gesagt. Aber wer ihn kannte, konnte heraushören, was er sich dabei dachte. Was will sie denn von mir, die alte Schreckschraube, hatte er sich gesagt. Soll sie quatschen, wenn sie erst weg ist, mach ich sowieso, was ich will.

»So ein Grabstein ist ganz schön teuer und …«, beginnt Onkel Willi zögernd, aber Frank will da erst gar nicht zuhören. »Also lässt du einen für Mutter allein machen?«, unterbricht er ihn.

Onkel Willi wird ungeduldig. »Ich habe mich noch nicht entschieden, ich wollte ja eigentlich über was ganz anderes mit dir reden.«

»Wenn Mutter keinen Grabstein bekommt, brauchst du gar nicht mehr mit mir zu reden.«

Onkel Willis Miene verfinstert sich noch mehr. »Wie kannst du denn so was sagen? Natürlich bekommt sie einen Grabstein. Das Grab muss sich nur erst noch etwas senken, das dauert ein Jahr.«

Dass das Grab sich erst noch senken muss, hat auch Tante Hille gesagt. Trotzdem lügt Onkel Willi. Er will der Mutter keinen Grabstein setzen lassen, keinen gemeinsamen mit Burkie, keinen allein. Ihm tut das Geld dafür Leid; er hält einen Grabstein für unnütz.

»Und … was willst du mir sagen?« Franks Stimme zittert vor Hass und Wut.

Onkel Willi schaut ihn aufmerksam an. Aber dann sagt er doch: »Über dein Taschengeld will ich mit dir reden.«

Über sein Taschengeld will er mit ihm reden? Jetzt?

»Ich dachte an zwei Mark die Woche«, sagt Onkel Willi, ohne Frank aus den Augen zu lassen.

»West?«

»Ost natürlich! Ich zahle dir doch nicht jede Woche acht Mark.«

»Das ist zu wenig. Das ist ja nur ein Fünfziger West.«

»Leben wir im Osten oder im Westen?« Mit Onkel Willis Geduld ist es nun endgültig vorbei. Er klopft hart auf den Tisch: »Zwei Mark die Woche bekommst du und keinen Pfennig mehr.«

»Mutter hat mir mehr gegeben«, beharrt Frank.

»Das war ein Fehler. Sie dachte, sie würde dir auf diese Weise was Gutes tun, weil sie zu wenig Zeit für dich hatte. Aber das war falsch.«

»Deine zwei Mark kannst du behalten.« Frank will aus der Tür.

»Bleib hier!«, befiehlt Onkel Willi. »Noch rede ich mit dir.«

»Aber ich nicht mit dir.« Frank schlägt die Tür hinter sich zu, läuft auf die Straße, setzt sich vor die Haustür, stützt den Kopf in die Hände und schaut zur anderen Straßenseite hinüber. In dem erleuchteten Schaufenster der Bäckerei Wetzel steht eine als Bäckerjunge gekleidete Puppe an einer Kurbel und setzt ein Rad in Bewegung, das sich ununterbrochen dreht und aussieht, als würde es fortwährend kleiner und größer. Er verfolgt das Rad mit seinem Blick, als müsse sich dieser Rhythmus irgendwann einmal ändern. Aber er weiß, dieser Rhythmus ändert sich nie, von morgens bis abends dreht die Puppe die Kurbel, von morgens bis abends wird das Rad groß und klein. Und wenn es mal abgestellt ist, steht die Puppe gebeugt an der Kurbel und schaut mit ihrem ewigen Lächeln zum Fenster hinaus, als wollte sie fragen, warum man sie angehalten hat.

Wenn Onkel Willi der Mutter keinen Grabstein kauft, wird er ihm das Geld dafür stehlen. Ein Grabstein ist das Mindeste, was ein Verstorbener bekommen muss. Und die Mutter hätte nicht nur irgendeinen, sondern einen ganz besonders schönen verdient; so viel Mühe und Arbeit, wie sie immer hatte.

Groß und klein wird der Kreis, groß und klein.

Ein neuer Anfang! Onkel Willi und seine neuen Anfänge! Der Mutter hatte er sie auch immer wieder versprochen und es doch nie ernst gemeint; er wollte immer nur seine Ruhe haben. Und das will er jetzt auch wieder. Aber er wird ihn nicht in Ruhe lassen, er nicht!

Die zweite Frau Modersohn kommt vorüber, stellt ihre Einkaufstasche vor Frank ab und lächelt ihn an. Sie will, dass er ihr die Einkaufstasche in den Schneiderladen trägt. Aber nicht, weil sie ihr zu schwer ist, sondern weil sie ihn in den Laden lotsen will.

Frank übersieht die Tasche.

»Du wirst dich verkühlen, Frank. Steh lieber auf.«

Groß und klein wird der Kreis, groß und klein.

»Junge! Sei doch nicht so stur.«

Die zweite Frau Modersohn ist genauso klein, wie die erste war, und auch fast genauso nett. Trotzdem will Frank jetzt nicht mit ihr mitgehen.

»Hörst du nicht?«

»Doch.«

»Sei nicht dumm, Junge! Du schadest nur dir selber.«

Frank schaut der davongehenden Frau nach. Wozu soll er mit ihr reden, sie kann ihm ja doch nicht helfen.

Die Bergmann-Brüder bleiben vor dem magischen Kreis stehen, drücken ihre Nasen an die Schaufensterscheibe und verfolgen die Bewegungen der mechanischen Puppe.

Früher hat Frank auch so vor diesem Rad gestanden. Besonders in der Vorweihnachtszeit, wenn die Bäckersleute der Puppe einen roten Mantel umgehängt und einen Bart ins Gesicht geklebt hatten. Bevor der Bäckerjunge nicht zum Weihnachtsmann geworden war, konnte die Adventszeit nicht beginnen.

Herr Modersohn kommt aus dem Schneiderladen, trägt nur Pantoffeln an den Füßen und eine offene Weste über dem Hemd. Und in der Hand hält er die Hose, an der er gerade arbeitet. »Los!«, sagt er. »Zier dich nicht. Komm rein. Klärchen brüht uns einen Tee auf.«

Herrn Modersohn kann Frank nichts abschlagen. Umständlich klopft er sich den Hosenboden ab, obwohl der gar nicht schmutzig ist, und folgt dem Schneidermeister in seine Werkstatt, in der es nach Bügelwasser riecht und allerlei Stoffen. Der kleine Schneidermeister setzt sich gleich wieder hinter seine Nähmaschine neben der großen Schaufensterscheibe, von der aus er die ganze Straße überblicken kann, und arbeitet weiter. Frank schwingt sich auf den hohen Bügeltisch und schaut Herrn Modersohn zu, bis seine Frau den Tee bringt und der Schneidermeister die Nähmaschine abstellt.

Herr Modersohn trinkt von dem Tee und stöhnt wohlig. Dann schaut er zu Frank hin und kneift ein Auge zu. »Es gibt viel Schönes auf der Welt, aber das Allerschönste ist doch, von seiner lieben Frau so richtig umhegt und gepflegt zu werden.«

»Ja, ja!« Die zweite Frau Modersohn nickt nur und bügelt weiter; neben Frank ist noch Platz genug.

Auch Frank trinkt von seinem Tee, der ihm wirklich gut tut, und wartet. Und da kommt es auch schon. »Du fühlst dich sehr allein, was?« Herr Modersohn hat das gefragt.

Frank zuckt die Achseln, sagt dann aber: »Ja.«

Herr Modersohn lehnt sich in seinen quietschenden Arbeitsstuhl zurück, denkt eine Zeit lang nach und sagt dann leise: »So ging's mir voriges Jahr auch. Hetes Tod hatte mir alle Lust am Weiterleben genommen.«

Hete, so hieß Herrn Modersohns erste Frau, die ihn damals vor den Nazis versteckte. Frank erinnert sich noch gut daran, wie Herr Modersohn und seine erste Frau aneinander hingen und wie die Mutter immer sagte, eine solche Liebe müsse man sich verdienen, die bekäme man nicht geschenkt. Und wie dann Herr Modersohns Frau starb und Herr Modersohn von einem Tag auf den anderen dicke Augenringe bekam. Da hatte er als Jude in der Nazi-Zeit so viel mitgemacht und sogar die drei Jahre in seinem Kellerversteck überstanden, aber den Verlust seiner Frau schien er nicht überwinden zu können. Bis eines Tages eine Witwe namens Klärchen Krull dem Witwer Modersohn in seiner Schneiderwerkstatt half und alle wussten, dass diese kleine Frau eines Tages die neue Frau Modersohn sein würde, und sich für den langsam wieder auflebenden Schneidermeister freuten. Und nun glaubt Herr Modersohn also, dass es ihm, Frank, ähnlich ergehen könnte?

Herr Modersohn errät Franks Gedanken. »Warum denn nicht? Denkst du, du bist eine Ausnahme?« Und als Frank nichts antwortet, sagt er: »Was ich dir jetzt sage, klingt vielleicht sehr hart oder dumm, leider aber ist es wahr. Dein Leid, so groß und unermesslich es dir auch erscheint, endet schon vor der nächsten Haustür. Während du weinst, wird woanders gelacht, während hier einer stirbt, wird woanders einer geboren. Das heißt nun nicht, dass man wegschauen soll von all dem Unglück, das in der Welt passiert, aber man soll auch nicht ständig draufstarren – weil man nämlich in der Finsternis nicht leben kann. Verstehst du, jede Pflanze braucht Sonne, um wachsen zu können; in einem dunklen Karton geht sie ein. Darum darfst du, wenn du zurückblickst, nicht immer nur an das denken, was man dir genommen hat, sondern musst auch an all das Schöne denken, was du hattest und noch haben wirst.«

»Mein Gott, Maxe! Du bist ja ein richtiger Philosoph.« Frau Modersohn muss lachen, aber Frank sieht ihr an, dass ihr gefällt, was ihr Mann da eben gesagt hat.

»Man gibt sich Mühe.« Herr Modersohn schmunzelt, wird aber gleich wieder ernst. »Es ist doch so. Als Hete starb, dachte ich, die Welt geht unter. Ohne sie fühlte ich mich wie ein armes Würstchen, vergessen und allein.«

»Genau wie ich.« Frau Modersohn hat keine Lust, ernst zu werden. »Maxe Modersohn und Klärchen Krull, zwei arme einsame Würstchen in zwei sehr verschiedenen Fleischereien.«

»Jetzt aber weiß ich, dass es falsch von mir war, dermaßen Trübsal zu blasen.« Herr Modersohn geht nicht auf den scherzhaften Ton seiner Frau ein. »Natürlich, ich hatte einen großen Verlust erlitten, aber musste ich denn nicht auch dankbar sein, dass ich meine Hete dreißig Jahre lang hatte – eine so tapfere und liebe Frau, die sogar ihr Leben für mich riskierte?«

Herr Modersohn trinkt von seinem Tee und guckt Frank lange nachdenklich an. »Du wirst das jetzt vielleicht noch nicht so ganz verstehen. Wirst vielleicht sogar denken: Was wollen die von mir? Soll ich etwa meine Mutter von heute auf morgen vergessen? – Nein, das wollen wir nicht. Trauere ruhig um deine Mutter, aber denk auch daran, dass dein Leben ja erst angefangen hat. Was meinst du, was du noch alles erleben wirst? Du wirst ein junger Mann werden, dich in ein Mädchen verlieben, heiraten, Vater sein – und deinen Kindern dann manchmal von deiner Kindheit erzählen, von deiner Mutter, deinem Bruder, vielleicht auch von uns.« Er schmunzelt. »Wir sind dann ja leider nicht mehr da, werden nicht erfahren, was du über uns erzählst; können nur hoffen, dass wir nicht allzu schlecht dabei wegkommen.«

Verlegen trinkt Frank von seinem Tee, verschluckt sich dann aber plötzlich und hustet. Frau Modersohn klopft ihm gründlich den Rücken. »Na, geht's dir besser?«

Die Frage ist doppeldeutig gemeint und deshalb gibt Frank mit seinem Nicken gleich zwei Antworten: Erstens, er muss nicht mehr husten, und zweitens – es geht ihm wirklich ein bisschen besser.

Nathan der Weise

Der schwere rote Samtvorhang schließt sich. Für eine Sekunde ist es still in dem dunklen Theatersaal, dann flammen die Kristallleuchter auf und prasselnder Beifall setzt ein.

Frank beugt sich über die Brüstung des zweiten Ranges und schaut zu dem Schauspieler hinunter, der den Nathan spielte und sich nun immer wieder dankend verneigt. Er ist ein großer Schauspieler, ein ganz berühmter; Frau Hagen hatte ihnen von ihm erzählt. Aber das ist es nicht, was Frank so bewegt – es ist die tiefe Güte und Menschlichkeit, die dieser Nathan ausstrahlte. Und noch etwas anderes: Er ist das erste Mal im Theater, er hätte nie gedacht, dass es etwas so Schönes gibt wie eine solche Theateraufführung.

Was ist Kino gegen Theater, was ein Film gegen so ein Stück? Was hat er bisher alles versäumt, nur weil er nie im Theater war?

Die anderen Schauspieler kommen zurück auf die Bühne: der Tempelherr, ein junger Mann mit dunklen Locken, Nathans Tochter Recha, der Sultan Saladin und seine schöne Schwester Sittah, der scheinheilige Patriarch, der lustige Klosterbruder und Nathans Haushälterin Daja. Und dann wieder der Schauspieler, der den Nathan spielte, der alte Mann mit dem weißen Haarkranz. Erst als der Vorhang sich nicht mehr hebt, verebbt der Beifall und die Theaterbesucher verlassen ihre Plätze.

Vor dem Theater stehen Taxis, aber nur wenige Theaterbesucher erwischen eines. Die anderen gehen durch den kühlen Abend zu den Bushaltestellen oder zum nahen S-Bahnhof. »Lauft nicht auseinander«, bittet Frau Hagen. »Wir gehen gemeinsam zum Bus und steigen auch gemeinsam in die Straßenbahn um. Erst wenn wir vor der Schule angelangt sind, trennen wir uns.«

»Wir sind doch kein Kindergarten«, murrt Elvis, der auf Frank wartet, und flüstert ihm zu: »Schnapp dir Gisela, ich nehme Rita.« Und damit geht er, ohne erst eine Antwort abzuwarten, auch schon schneller.

Frank hat eigentlich keine Lust, sich ablenken zu lassen; er würde sich am liebsten irgendwo hinsetzen und weiter an das Stück denken, das Erlebnis nachklingen lassen. Doch da ist Zacke, der neben Gisela hergeht und Rita und sie immer wieder zum Lachen bringt und dem er es nun deutlich ansieht, dass er es auf Gisela abgesehen hat – und da ist Elvis, der seit der Sache mit dem Lineal anders zu ihm ist, misstrauischer, vorsichtiger. Es ist das erste Mal, dass er sich wieder an ihn wendet. Das ist wie eine Hand, die er ausstreckt. Frank will Elvis' Hand nicht ausschlagen, deshalb geht er nun ebenfalls schneller, und als Elvis sich zwischen Rita und Gisela drängt, schiebt er sich zwischen Zacke und Gisela.

»Na, ihr Mäuse!« Elvis legt seinen Arm um Rita. »Müsst ihr gleich nach Hause?«

Rita befreit sich von Elvis. »Wir sind keine Mäuse.«

»Dann eben Ratten.« Elvis grinst.

Frank spürt Zackes Unsicherheit und wird selber unsicher. »Hat's euch gefallen?«

»Na klar!«, sagt Zacke. »Besonders der Klosterbruder.« Und dann ahmt er ihn nach, bis Gisela und Rita wieder lachen.

»Dir muss es auch gefallen haben«, sagt Gisela zu Frank. »Du warst ganz weg.«

»Woher weißte denn das?«, fragt Elvis und freut sich über Giselas verlegenes Gesicht.

»Das hat ja jeder gesehen«, hilft Rita Gisela. »Und mir ging's auch nicht viel anders.« Und wie sie das sagt, beginnt sie auch schon alles das über das Stück aufzusagen, was sie aus dem Lesebuch weiß. Elvis stöhnt leise und Frank schaut Gisela an; er hat da so ein Gefühl, als wäre sie jetzt lieber mit ihm allein.

Der Doppelstockbus ist überfüllt. Die Klasse nimmt Frau Hagen in die Mitte und drückt und drängelt, bis alle drinnen sind. Es ist eng auf der Plattform, aber lustig. Frank gibt Acht, dass er nicht von Gisela abgedrängt wird, und hat Glück, kommt so dicht vor ihr zu stehen, dass ihre Gesichter sich fast berühren. Und wenn sie den Kopf dreht, kitzelt ihn ihr Haar im Gesicht.

Am S-Bahnhof Friedrichstraße drängen sich weitere Theaterbesucher in den Bus. Es gibt viele Theater rings um die Friedrichstraße und fast alle enden um die gleiche Zeit.

»Durchtreten, die Herrschaften!«, ruft der Schaffner. »Bitte, durchtreten!«

Elvis, der neben Rita steht, macht ein Wortspiel daraus. »Durchdrehen, die Herrschaften!«, ahmt er den Schaffner nach. »Bitte, durchdrehen!« Und dann ruft er mit so tiefer Stimme: »Wer ist hier noch nicht abgefertigt? Wer hat noch keinen Fahrschein?«, dass sich eine ältere Frau meldet: »Ich, Herr Schaffner! Ich!«

Die Fahrgäste brechen in Gelächter aus und auch Rita muss lachen. Doch sie lacht nicht lange. »Pfoten weg!«, faucht sie Elvis plötzlich an.

»Kann ich was dafür, dass der Bus so voll ist?« Elvis nimmt beide Arme hoch und stützt sich an der Treppe ab, unter der Rita und er stehen.

Frank sieht Gisela an, guckt ihr in die Augen. Und Gisela hält seinen Blick aus, hält ihn aus, bis Frank aufgibt und von ihr wegschaut. Da lächelt sie – und da weiß er, dass sie ihm nicht mehr böse ist.

Die Tür zur *Gemütlichen Ecke* steht weit offen. Die Rauchschwaden sollen abziehen, der Ventilator im Fenster schafft es nicht. Wie jeden Sonnabend ist die Gaststätte übervoll. Frank geht durch das Stimmengewirr hindurch und an der Theke vorüber, und als er am Stammtisch vorbeikommt, grüßt er laut. Er hat gute Laune; die will er sich durch nichts verderben lassen.

Ilse Fröhlich hält Frank an. »Wie war's denn im Theater? Was habt ihr gesehen?«

»Nathan der Weise.«

»Ist das nicht von Goethe?«

»Lessing«, verbessert Herr Bessel. Und dann will er wissen: »Ist Mäxchen auch zurück?«

»Ja.«

»Ich werde Mäxchen und dir mal eine Theaterkarte für West-Berlin spendieren«, sagt Herr Bessel. »So was muss man unterstützen.«

»In West-Berlin haben die ganz andere Kräfte«, sagt Herr Braun. »Das ist noch richtig gutes Theater.«

Alle im Kreis nicken. Es sieht fast aus, als wären sie traurig, anstatt in einem West-Berliner Theater in einer Ost-Berliner Kneipe zu sitzen.

Onkel Willi kommt. »Geh nach hinten«, sagt er. Seit jenem ergebnislosen Gespräch von Mann zu Mann benutzt er jede Gelegenheit, etwas anzuordnen. Doch er ordnet nur an, was Frank sowieso gerade vorhat oder was ihm nicht schwer fällt zu tun; er lässt es nicht darauf ankommen.

Frank befolgt Onkel Willis Anordnung, setzt sich im Hinterzimmer an den Tisch, isst von den Broten, die Frau Schipprowski ihm hingestellt hat, und denkt dabei an das Theaterstück.

Schauspieler muss ein toller Beruf sein. Es muss herrlich sein, den Tempelherrn zu spielen. Noch schöner wäre freilich die Rolle des weisen Nathan … Aber das ist bestimmt sehr schwer, dazu muss man alt sein, Erfahrung besitzen.

Es ist bereits nach Mitternacht, aber Frank kann weder schlafen noch lesen. Noch immer spukt das Theaterstück in seinem Kopf herum. Die Szene, in der Nathan dem Sultan von den drei Ringen erzählte, die einander so gleich waren, dass man sie nicht voneinander unterscheiden konnte … Frau Hagen hat gesagt, dass Lessing damit die verschiedenen Religionen meinte. Aber sind wirklich alle Religionen einander so gleich? Nathan war Jude wie Herr Modersohn und der Patriarch war Christ wie Onkel Willi oder Herr Bessel. Können denn die Religionen einander gleich sein, wenn die Menschen es nicht sind?

Nachher waren sie dann alle eine Familie, die Mohammedaner Saladin und Sittha und die Christen Recha und der Tempelherr. Nur Nathan gehörte nicht dazu. Ob das was zu bedeuten hat? Ob Lessing damit irgendetwas sagen wollte?

Endlich wird Frank müde. Er löscht das Licht und vergräbt den Kopf ins Kissen. Doch kaum hat er die Augen geschlossen, muss er an Gisela denken. Wie sie gelächelt hat! Er muss ihr unbedingt bald sagen, dass er nicht nur nicht schlecht, sondern gut, sehr gut von ihr dachte, als er sie damals zeichnete.

Ob sie das versteht?

Die Tür geht. Frank will sich schlaftrunken auf die andere Seite drehen, ist dann aber plötzlich hellwach: Onkel Willi ist nicht allein, er steht in der Tür und redet auf jemanden ein. Auf Frau

Schipprowski! Und die Schipprowski lacht, hat getrunken, ist angeheitert.

»Schläft der Junge denn?« Die beiden stehen noch immer vor der Tür. Frau Schipprowski ist unsicher.

Frank kann Onkel Willis Antwort nicht verstehen, es ist nur ein Gemurmel, aber er hört, wie Onkel Willi die Frau durch den Raum schiebt.

»Schläft der Junge auch wirklich?«, fragt die Schipprowski noch einmal.

»Wie ein Murmeltier«, sagt Onkel Willi.

Im ersten Stock

Es ist Sonntagvormittag. In der *Gemütlichen Ecke* sitzen nur wenige Frühschoppentrinker. Sie tragen Schlips und Jacke und sind nicht so laut wie sonst. Frau Schipprowski serviert und Onkel Willi zapft. Es ist fast wie an jenen Sonntagen früher, wenn die Mutter und Onkel Willi zur gleichen Zeit gute Laune hatten. Dann lag auch so ein Hauch von Frieden und Stille über der Gaststätte.

Aber die Schipprowski ist nicht die Mutter. Und sie weiß das auch. Deshalb sieht sie Frank nicht an, aber Onkel Willi weicht seinen Blicken nicht aus. Im Gegenteil, Frank hat den Eindruck, er sucht sie sogar, ist neugierig, will wissen, wie er zu Frau Schipprowskis Hierbleiben steht.

Frank spielt den Gleichgültigen, sagt sich immer wieder, dass es ihm egal zu sein hat, ob die Schipprowski nun in Mutters Bett schläft oder nicht. Onkel Willi ist nicht sein Vater, es geht ihn gar nichts an. Nur miterleben will er es nicht noch mal, deshalb wird er nun wieder in den ersten Stock ziehen, wo er früher mit Burkie zusammen schlief und später nicht mehr schlafen durfte, weil er zu viel herumphantasierte. Er packt sein Bettzeug zusammen und trägt es unter Onkel Willis Blicken in den ersten Stock hinauf.

In der nun nur noch selten benutzten Wohnung riecht es muffig. Frank öffnet die Balkontür und lässt frische Luft in das Zimmer, in dem zuletzt Tante Hille geschlafen hat. Dann räumt er das Bett frei und legt sein Bettzeug drauf. Beim Bettenmachen aber überkommt ihn ein komisches Gefühl; ihm ist, als wäre er nicht allein in der Wohnung. Er lässt fallen, was er in den Händen hält, läuft auf den Balkon und setzt sich auf die verwitterte Holzbank.

Es gibt keine Gespenster, die spuken können. Wenn etwas spukt, dann nur in seinem Kopf. Trotzdem: Hier oben ist alles wie damals – als ob Burkie, die Mutter und Tante Lucie hier ihre Schatten zurückgelassen hätten …

»Was machst du da eigentlich?« Onkel Willi betritt das Hinterzimmer und schaut zu, wie Frank nun auch noch seine Bücher aus dem Regal nimmt.

»Ich ziehe hoch.«

»In den ersten Stock?« Onkel Willi überlegt. »Warum nicht? Alt genug bist du ja.« Er zückt sein Portemonnaie und legt zehn Mark auf den Tisch. »Taschengeld«, sagt er und kneift ein Auge zu.

Frank beachtet das Geld nicht. Auf einen so plumpen Trick fällt er nicht herein. Er räumt weiter das Regal leer und geht dann auf den Hof und pfeift, bis Uwis Kopf im Fenster erscheint.

»Komm mal runter!«

Uwi nickt und kommt auch gleich. Gemeinsam tragen sie das leere Bücherregal die Treppen hinauf. Und als Frank die Tür aufschließt, ist er froh, dass diesmal Uwi bei ihm ist. Trotzdem ist er absichtlich laut.

»Hast du die ganze Wohnung für dich alleine?«, staunt Uwi.

»Was denn sonst?« Frank setzt sich auf das Regal und lässt die Beine baumeln. »Wenn wir mal zusammen Karten spielen wollen, hier stört uns keiner.«

»Toll!«, sagt Uwi. Aber dann fragt er: »Heiratet dein Vater bald wieder?«

Es ist also schon im ganzen Haus herum. Frank zuckt die Achseln: »Keine Ahnung.« Doch dann wird ihm klar, was Uwi gesagt hat, und er begehrt auf: »Er ist nicht mein Vater!«

»Na, dann eben dein Stiefvater«, verbessert sich Uwi. Und er fügt so leise, als verrate er Frank damit ein Geheimnis, hinzu: »Meine Oma hat gesagt, das wäre noch zu früh, deine Mutter wäre ja kaum unter der Erde.«

Soll er sich jetzt etwa noch für Onkel Willi schämen? Das kann er nicht – und das will er nicht. Er kann sich höchstens wundern: Kalles Mutter lebt nun schon über drei Jahre ohne Mann und hat zu Kalle gesagt, dass sie nicht einmal im Traum daran denke, jemals wieder zu heiraten. Und Herr Modersohn hat ein ganzes Jahr um seine Frau getrauert. Onkel Willi aber kann nicht mal ein paar Wochen ohne Frau sein. Es ist ihm sogar egal, was die Nachbarn dazu sagen.

»Wenn sie wenigstens nach was aussehen würde.« Uwi lacht. »Die sieht ja aus wie Quark mit weißem Käse, die Knipprowski.«

»Schipprowski!«, verbessert Frank Uwi ärgerlich. Und weil er findet, dass Uwi damit zu weit gegangen ist, sagt er: »Wie sie aussieht, ist doch unwichtig. Und wenn sie wirklich so aussieht – guck bloß mal deine Oma an, wie sieht die denn aus? Wie 'n aufgewärmter Mülleimer.«

»Hab ich doch nicht so gemeint«, entschuldigt sich Uwi. Aber obwohl er sonst nicht viel von seiner Oma hält, ist er jetzt doch ein bisschen beleidigt.

Dann ist der Umzug beendet, Uwi ist gegangen. Frank steht auf dem Balkon und schaut auf die Straße hinunter. Die Bäume in der Prenzlauer Allee haben nun auch das letzte Laub verloren, kahl wie frierende Riesen stehen sie da, dunkelbraune Blätter tanzen über die Straßenbahnschienen und bleiben in den Buschhecken hängen.

Die zehn Mark unten auf dem Tisch! Sie liegen noch dort und er hat kein Geld. Er wird sie trotzdem nicht nehmen. Das ist kein Taschengeld, das ist eine Art Lohn für gestern Nacht. Er wird sich anders Geld besorgen. Onkel Willi schließt ja die Kasse immer noch nicht ab …

Es klingelt. Frank rührt sich nicht.

Es klingelt zum zweiten Mal. Aber es ist kein drängendes Läuten, eher ein bittendes. Leise geht Frank zur Tür und späht durchs Guckloch.

Frau Schipprowski! Will sie ihn zum Mittagessen holen? Oder bringt sie es ihm? Frank stellt sich auf die Zehenspitzen und schielt nach unten: Wäsche! Sie will ihm seine Wäsche bringen. Einen Moment zögert er, dann geht er so leise, wie er gekommen ist, ins Zimmer zurück. Er wird sich die Wäsche nachher selber holen.

Für Gisela

Die *Gemütliche Ecke* riecht nach kaltem Zigarettenqualm und schalem Bier. Frank trägt eine Decke unter dem Arm und lässt den Schein der Taschenlampe durch den großen dunklen Raum huschen. Es ist noch früh, erst sieben Uhr morgens, draußen ist es noch stockfinster. Nur die Scheinwerfer der Autos, die die Prenzlauer Allee entlangfahren, erhellen in fast regelmäßigen Abständen das Regal hinter der Theke.

Die Kasse. Frank legt die Decke über den Apparat mit den vielen Tasten, kriecht drunter und legt die Hand auf die Auslösetaste. Die Decke soll das Klingelgeräusch dämpfen. Vorsichtig drückt er die Taste nieder, bis ihm die Schublade in den Bauch springt. Dann nimmt er hastig einen Zehnmarkschein heraus, schiebt die Lade zurück, taucht unter der Decke hervor und lauscht. Doch es ist nichts zu hören. Er steckt den Geldschein

ein, nimmt Taschenlampe und Decke und beeilt sich, aus der Gaststube zu kommen. Im Flur zum Hinterausgang aber bleibt er stehen: In der Küche brennt Licht, jemand lässt Wasser in einen Topf laufen.

Das wird die Schipprowski sein. Langsam schleicht Frank sich weiter, vielleicht kommt er ungesehen vorbei.

»Frank!« Frau Schipprowski kommt zur Tür. Sie trägt Mutters Morgenmantel.

»Was machst du denn so früh hier unten?«

Erst Mutters Kittel, jetzt ihr Morgenmantel. Und in Mutters Bett liegt sie auch schon.

»Ich habe die Kasse gehört«, sagt die Frau. »Hast du dir Geld rausgenommen?«

»Geht Sie das was an?«

Frau Schipprowski senkt den Blick. »Ich sag Willi ja nichts. Aber du darfst es nicht übertreiben.«

»Meinetwegen können Sie's ihm ruhig sagen. Hier nimmt sich ja sowieso jeder, was er gebrauchen kann.«

»Wie meinst du das?«

Frank antwortet nichts.

»Wenn du den Morgenmantel meinst, den habe ich nur angezogen, weil ich meine Sachen noch nicht geholt habe. Danach hänge ich ihn sofort zurück. Obwohl's natürlich schade ist um so ein schönes Stück … Vielleicht verkauft ihr ihn mir?«

Für wie dumm hält diese Frau ihn eigentlich? Ohne ein weiteres Wort zu verlieren, trägt Frank die Decke in den ersten Stock zurück und macht sich auf den Weg zur Schule, wo schon die LKW warten, die die Schüler zum Kartoffellesen auf die Felder bringen sollen.

Frau Hagen trägt einen alten Trainingsanzug und ein Kopftuch. Sie kommt sich selber ein wenig komisch vor, findet aber Spaß daran. »Los! Los!«, drängelt sie, als sie Frank erblickt. »Rauf auf den Wagen, bevor die Kartoffeln sich langweilen.«

Gisela ist bereits auf dem Wagen, aber der Platz neben ihr ist besetzt: Zacke sitzt da. Still setzt Frank sich neben Elvis.

Es sind drei LKW, die hintereinander aus der Stadt rausfahren; auf dem ersten sitzen die drei neunten, auf dem zweiten die drei achten, auf dem dritten die drei siebten Klassen. Es geht durch Vorortstraßen, über Landstraßen hinweg, durch Dörfer und zwischen Feldern hindurch. Noch ist die Stimmung eher müde, nur die Lehrer bemühen sich um ein wenig Heiterkeit. Doch dann fahren sie durch eine Apfelbaumallee hindurch, die Äste streifen fast ihre Köpfe; einige Mädchen kreischen laut, die meisten Jungen geben sich unerschrocken. Und Elvis steht sogar auf, langt sich einen Apfel und beißt so selbstverständlich hinein, als mache er das jeden Morgen. Auch Zacke versucht, einen Apfel zu erwischen, aber bevor er zugreifen kann, holpert der LKW, Zacke schwankt und fällt – genau auf Gisela!

Frank schießt das Blut in den Kopf: Das war Absicht.

»Lasst das lieber«, rät Frau Hagen besorgt. »Nachher fallt ihr mir noch in den Straßengraben.«

»Die anderen machen das auch«, protestiert Elvis und zeigt auf den vorausfahrenden LKW, auf dem sich mehrere Jungen gleichzeitig nach den Äpfeln strecken.

»Ich habe für euch die Verantwortung, nicht für die anderen.« Frau Hagen lässt nicht mit sich reden.

Zacke wollte den Apfel für Gisela, da ist Frank sich ganz sicher, und deshalb steht nun er auf, stellt sich breitbeinig hin und hält nach einem besonders großen Apfel Ausschau.

»Setz dich, Frank!« Frau Hagen wird ärgerlich. »Oder hast du nicht gehört, was ich gesagt habe?«

Frank späht und späht und entdeckt einen riesigen Apfel. Er greift zu – und hält den Apfel mitsamt Zweig in der Hand. Lässig pflückt er den Apfel, wirft den Zweig vom LKW und den Apfel Gisela zu, die ihn überrascht auffängt.

»Wenn noch ein Einziger von euch aufsteht, lasse ich den LKW anhalten und denjenigen absteigen«, droht Frau Hagen.

Gisela reibt den Apfel an ihrer Trainingsbluse blank.

»Danke!«, sagt sie und lächelt.

»Bitte!« Frank muss sich Mühe geben, Zacke nicht triumphierend anzusehen. Doch es gelingt ihm, ein gleichmütiges Gesicht zu machen.

Das Feld ist groß, jeder Junge, jedes Mädchen hat zehn Meter Lesefläche zugeteilt bekommen und alle zusammen bilden sie einen Kreis, der immer größer wird, je länger der Traktor mit dem Kartoffelpflug um sie herumfährt.

Der Wind fegt über das Feld, fährt in die Blusen und Jacken, friert die Nasen rot und lässt die Hände, die die vom Pflug ausgeworfenen Kartoffeln aus der feuchten Erde lesen, steif und klamm werden. Frank hat dafür gesorgt, dass sein Abschnitt hinter Giselas liegt; er will ihr helfen, wenn sie nicht rechtzeitig fertig wird. Doch Gisela ist schnell. Meistens ist sie sogar noch eher fertig als er. Dann steht sie da, in den viel zu großen Stiefeln der LPG*, die sie alle tragen, und mit dem unter dem Kinn festgebundenen roten Kopftuch und schaut zu, wie er die letzten Kartoffeln aufliest, um sie in die Kiepe zu tun – und manchmal lächelt sie ihn an, als wollte sie ihm etwas sagen und traue sich bloß nicht.

Uwi und Zacke arbeiten auf der anderen Seite des Feldes, und je größer der Kreis wird, den der Traktor zieht, desto weiter entfernen sie sich zu Franks Befriedigung von Gisela und ihm.

Elvis liest hinter Frank Kartoffeln auf, flucht und sagt immer wieder, dass er doch lieber nicht mitgehen hätte sollen. Und als der Pferdewagen, auf dem die Kiepen ausgeleert werden, bei ihm hält und Frau Hagen mit seiner Leistung unzufrieden ist und gemeinsam mit Herrn Trott nachliest, was Elvis liegen gelassen hat, fragt er, was sie denn eigentlich pro Kiepe bekämen.

»Wir machen das, um den Bauern zu helfen, nicht um zu verdienen«, antwortet Frau Hagen. »Aber für die Theaterkarten reicht's.«

»Die zehnten Klassen kriegen pro Kiepe dreißig Pfennig.« Elvis bleibt stur. »Warum kriegen wir nichts?«

»Die Zehnten bleiben eine ganze Woche hier, wir nur einen halben Tag. Das ist doch wohl ein Unterschied.« Frau Hagen richtet sich auf. »Was wir machen, ist eine Hilfsaktion, kein Ernteeinsatz.«

Elvis tröstet das nicht. Er stülpt die leere Kiepe um und setzt sich drauf. »Warum müssen wir überhaupt helfen? Warum schaffen die Bauern das nicht allein?«

»Weil sie zu wenige sind für die vielen Felder«, schaltet sich Herr Trott ein. »Kartoffellesen ist eine arbeitsintensive Sache, das geht noch nicht maschinell.«

Jetzt kann Elvis rauslassen, was er loswerden will: »Stimmt nicht, im Westen braucht keiner zu helfen. Unsere Bauern arbeiten nicht mehr so viel, weil ihnen die Felder nicht mehr gehören. Deshalb müssen wir ihnen helfen.«

»Du bist ja ein ganz kluges Kerlchen«, sagt Herr Trott. »Auf die Idee, dass die Bauern im Westen vielleicht zu viel arbeiten, bist du aber noch nicht gekommen. Das ist nämlich so: Wenn einem etwas gehört, will er, dass sein Besitz immer größer wird. Und eines Tages ist er kaputt und hat gar nicht gelebt. Wenn unser System auch seine Fehler hat, es ist auf jeden Fall mal was Neues. Das alte kennen wir zur Genüge.«

Darauf weiß Elvis keine Antwort; das Gespräch interessiert ihn auch nicht mehr. Er hat gesehen, dass Rita nicht rechtzeitig fertig geworden ist, und läuft über das Feld, um ihr zu helfen. Er erntet dafür von Rita ein dankbares Lächeln und von Frau Hagen und Herrn Trott verwundertes Kopfschütteln. »Das ist wirklich eine Marke, der Peter!«, lacht Frau Hagen. »Eine richtige Sondermarke!«

Elvis hilft Rita, bis sie fertig ist, vergisst dafür aber seinen eigenen Abschnitt. Frank und Gisela arbeiten für ihn weiter, lesen nebeneinanderher und versuchen jeder, schneller zu sein als der andere. Einmal, als beide die gleiche Kartoffel greifen wollen, erwischt Frank nur noch Giselas Hand und hält sie fest. Doch Gisela zieht die Hand schnell weg und arbeitet weiter, als hinge ihr Leben davon ab, rechtzeitig mit Elvis' Abschnitt fertig zu werden. Aber sie schaffen es trotzdem nicht, der Traktor muss anhalten, der Fahrer macht ein mürrisches Gesicht.

»Elvis!« Frank winkt, Elvis und Rita kommen gelaufen und die Kartoffeljagd geht weiter, bis der Traktorist endlich wieder seinen Motor anlassen und weiterfahren kann. Elvis hat schon darauf gelauert. Kaum hat der Traktorist sie im Rücken, stößt er Rita um und wirft sich auf sie. Frank macht das Gleiche mit Gisela und guckt sie groß an.

Gisela wehrt sich nicht, pustet sich nur das Haar aus dem verschwitzten Gesicht ... Da stößt Franks Kopf nach vorn, er küsst Gisela hart und hastig auf den Mund und springt erschreckt auf: Hoffentlich hat sie niemand beobachtet! Doch es hat sie niemand beobachtet, nicht einmal Elvis und Rita, denn Rita wehrt sich, stößt Elvis fort und weint fast.

Elvis ist enttäuscht. »Dir helfe ich noch mal.«

»Auf deine Hilfe verzichte ich auch!«, schreit Rita. »Du bist mir viel zu blöd!«

»Und du mir zu zickig!«

Elvis arbeitet weiter, als hätte er nun plötzlich Lust darauf bekommen. Und auch Frank und Gisela arbeiten weiter, während Rita wütend wieder zu ihrem Abschnitt hinüberstapft. Und genau wie Elvis macht Frank die Arbeit jetzt richtigen Spaß – wenn auch aus einem anderen Grund: Er ist sich nun sicher, dass Gisela ihn mag. Wenn es anders wäre, hätte sie sicher genauso reagiert wie Rita.

Die letzte Runde. Noch einmal kommt der Traktor mit dem Pflug und wirft Kartoffeln auf, dann stellt der Traktorist den Motor ab; die letzten Kartoffeln werden ohne die eintönige Begleitmusik des Motorengeräuschs eingesammelt. Danach gehen die Jungen und Mädchen zum Feldrand und lassen sich erschöpft ins Gras fallen. Rita zieht sogar ihre Trainingsbluse aus und öffnet den Knoten des Pioniertuchs. Sie ist rosarot im Gesicht, so sehr schwitzt sie.

»Was denn, du führst die Rotzfahne sogar auf dem Kartoffelacker spazieren?« Elvis zieht Rita das Tuch von der Schulter und tut, als wolle er sich hineinschnäuzen. Rita sitzt wie erstarrt.

»Nimm ihm das Tuch weg«, flüstert Gisela Frank zu. »Bevor es Ärger gibt.«

Frank guckt erstaunt. Wieso ausgerechnet er?

»Bitte«, sagt Gisela.

Elvis wedelt mit dem Tuch in der Luft herum. »Na, Fränkie? Was machen wir damit?«

»Gib's zurück. Soll sie damit glücklich werden.«

»Und ich? Wer fragt, ob ich dann glücklich bin?«

»Ach, lass doch den Quatsch!« Frank greift nach dem Tuch.

Elvis zieht es weg. »Spiel nicht immer den Schiedsrichter.«

Frank dreht sich weg, als gebe er auf, fährt dann aber plötzlich herum, reißt Elvis das Tuch aus der Hand und reicht es Rita. Elvis springt vor und schlägt zu. Es ist ein harter Schlag direkt unter Franks Kinn; Frank schießen die Tränen in die Augen.

»Na los!« Elvis tänzelt in Boxhaltung vor Frank herum. »Du hast doch sonst immer so ein großes Maul. Zeig mal, was du kannst.«

Die Jungen und Mädchen stehen auf und bilden einen Kreis. Elvis taucht unter und boxt Frank in den Bauch. Frank bleibt die Luft weg, er atmet ein paar Mal hastig und stürzt dann vor, um auf Elvis einzuschlagen. Elvis schlägt zurück, aber seine Schläge finden nicht ihr Ziel, zu heftig prügelt Frank auf ihn los.

»Hört auf! Hört doch auf!« Gisela und Zacke ziehen Frank von Elvis weg. Elvis steht da und starrt Frank fassungslos an. Er blutet aus der Nase und aus dem Mund.

Frank setzt sich wieder ins Gras.

Sein rechtes Auge ist heiß, er spürt, wie es anschwillt. »Das wird ein Veilchen«, sagt Gisela.

»Na und?« Frank ist unzufrieden mit sich. Was geht ihn Ritas Tuch an? Wieso hat er sich auf diese Sache eingelassen?

Er hat es für Gisela getan, nur für sie. Hoffentlich weiß sie das wenigstens.

Gisela weiß es, ganz unauffällig nimmt sie seine Hand und drückt sie.

Ein richtiger Mensch

Onkel Willi ist weit und breit nicht zu sehen, Frau Schipprowski steht hinter der Theke und zapft. Es sind nicht viele Gäste da, nur Herr Bessel und einige andere Stammgäste sitzen am großen Stammtisch, lesen Zeitungen oder unterhalten sich miteinander.

»Wie siehst du denn aus?« Frau Schipprowski lässt vor Überraschung über Franks Anblick zu viel Bier ins Glas laufen, es schäumt über.

Warum ist er hier hineingelaufen? Warum ist er nicht gleich in den ersten Stock gegangen?

»Du musst das Auge kühlen.« Frau Schipprowski will gleich mit Frank in die Küche. Aber Frank schüttelt den Kopf. »Wo is'n Onkel Willi?«

»Im Hinterzimmer. Er schläft.«

Onkel Willi hält wieder seinen Mittagsschlaf? Warum auch nicht, er hat ja nun die Schipprowski. Frank überlegt einen Moment, dann geht er in die Küche.

Auf dem Küchentisch steht ein Teller, daneben liegen Messer und Gabel; in der Pfanne ist ein Schnitzel, sind Kartoffeln und grüne Erbsen. Frank füllt sich alles auf, setzt sich hin und isst. Doch er isst nicht auf, hat plötzlich keinen Appetit mehr, räumt nur sein Geschirr weg und verlässt die *Gemütliche Ecke* durch den Hinterausgang. Er will zu Kalle, will mit ihm zum Friedhof und hinterher ins Kino; nur deshalb hat er sich heute Morgen die zehn Mark geholt.

Kalle hat schon auf Frank gewartet, für eine Tüte Eis will seine Schwester Beate sich heute um die kleineren Geschwister kümmern. Aber natürlich muss Frank ihr das Geld für eine Tüte geben, Kalle bekommt ja kein Taschengeld.

Danach stehen sie dann beide in der offenen Straßenbahntür, lassen sich den Fahrtwind durchs Haar wehen und unterhalten sich über Franks Prügelei mit Elvis. »Das hat Elvis schon lange mal verdient«, freut sich Kalle. »Der mit seiner großen Schnauze!«

Erst hat Elvis ihm sein großes Maul vorgeworfen, nun wirft Kalle Elvis seine große Schnauze vor; jeder wirft dem anderen vor, den Mund zu weit aufzumachen. Ist es besser, den Mund nicht aufzumachen?

»Haste schlechte Laune?« Kalle guckt misstrauisch.

»Nee! Wieso denn?«

Smetanastraße. Sie steigen aus und Frank betritt als Erstes gleich das Blumengeschäft an der Ecke, in dem auch die Mutter immer Blumen kaufte. Er kauft einen Strauß Herbstastern, Mutters Lieblingsblumen, und geht dann mit Kalle den Weg zwischen den Gärten entlang, bis rechts die Friedhofsmauer aus rotem Backstein auftaucht. Unwillkürlich werden sie langsamer und leiser.

»Weißt du, was mit den Toten geschieht, wenn der Friedhof überfüllt ist?«, fragt Kalle, den das Thema Tod und Friedhof immer sehr interessiert, obwohl in seiner Familie, solange er lebt, noch nie ein Todesfall vorgekommen ist.

»Nee.«

»Sie werden weggeschmissen!«, triumphiert Kalle. »Meine Mutter hat es mir gesagt.«

So ähnlich muss es sein, denkt Frank, aber er will es nicht zugeben. Deshalb sagt er: »Der erste Mann meiner Mutter liegt schon zwanzig Jahre dort. Solange die Grabstelle bezahlt wird, lassen sie ihn auch weiter da liegen.«

»Meinste etwa, dein Stiefvater bezahlt noch lange für ihn?«

Frank muss an das Gespräch über den Grabstein denken. Onkel Willi bezahlt bestimmt nicht mehr lange für Burkies Vater. Aber auch das will er nicht zugeben. »Was geht mich der an?«, fährt er Kalle an. »Ich bezahle. Die halbe Kneipe gehört ja schließlich mir.«

Da verstummt Kalle und sagt nun gar nichts mehr, bis sie vor den drei Gräbern stehen, die Franks Ziel sind.

Frank beginnt, die verwelkten Kränze und Blumen fortzuschaffen, und Kalle hilft ihm dabei, holt in einer Tonvase Wasser für die Herbstastern. Doch die Blumen haben zu lange Stiele für die Friedhofsvase, Frank muss sie erst kürzen, bevor sie einigermaßen hineinpassen und er die Vase mit dem spitzen Ende in die weiche Erde drücken kann. »Wenn meine Mutter mal stirbt«, sagt Kalle da, »hab ich's nicht so gut wie du. Dann hab ich alle meine Geschwister auf dem Hals.«

»Deine Mutter stirbt aber nicht so schnell. Sie ist ja noch ganz jung.«

»Deine Mutter war auch nicht alt«, erwidert Kalle. Und dann sagt er: »Wenn's doch passiert, kommen wir alle in ein Heim. Uns nimmt keiner.«

Frank entgegnet nichts mehr, guckt nur das Grab an und überlegt, ob er noch irgendwas tun kann, was der Mutter gefallen würde. Aber es gibt nichts mehr zu tun, er kann nur dastehen, das Grab angucken und an sie denken.

Kalle liest die Daten auf Burkies Grabstein. »Gerade mal vierzehn ist er geworden«, sagt er leise. »Da hat er aber wirklich Pech gehabt.«

Auch Frank schaut den Grabstein an. Wer es nicht weiß, käme

nie auf die Idee, dass auch die Mutter hier liegt. Aber noch kann er nichts tun, erst wenn das Jahr vorüber ist und Onkel Willi immer noch keinen Grabstein aufstellen lässt, kann er was unternehmen.

»Komm!«, sagt er da und dreht sich hastig um. »Wir müssen uns beeilen, sonst kriegen wir keine Karten mehr.«

Damit läuft er los. Kalle ist von seiner plötzlichen Eile überrascht, aber er folgt ihm.

Es gibt tatsächlich keine Kinokarten mehr. Frank und Kalle stehen vor den Vitrinen der *Vox*-Lichtspiele und schauen sich die Schwarzweißfotos an, auf denen Tarzan und Jane und der Affe Cheeta zu sehen sind. Kalle heult fast.

»Irgendwann klappt's schon noch mal«, tröstet ihn Frank.

»Es ist ja nur, weil ich Tarzan so mag.«

»Und warum gerade Tarzan?«

»Weil er im Urwald lebt. Weil die Tiere seine Freunde sind. Und weil seine Feinde ihm nichts tun können. Dazu ist er viel zu stark.«

»Supermann ist noch stärker«, sagt Frank, obwohl er blöd findet, was sie da reden. Er sagt es Kalle zuliebe, weil Kalle solche Gespräche mag.

»Aber Supermann lebt zwischen Wolkenkratzern und nicht im Urwald«, wehrt sich Kalle. »Tarzan ist ein richtiger Mensch, Supermann ist nur erfunden.«

Frank sagt nicht, dass Tarzan auch nur eine erfundene Figur ist; Kalle weiß es ohnehin. Er geht zur Litfasssäule an der Straßenecke und studiert die Kinoanzeigen. »Im *Humboldt* spielen sie *Robin Hood.* Wenn wir uns beeilen, schaffen wir es noch.«

Schwierige Fälle

Der erste Schultag nach den Herbstferien. Frank steht vor dem Spiegel und betrachtet sein Auge. Es ist nicht mehr blau und auch nicht mehr grün, es ist gelb geworden. Frau Schipprowski kommt in die Küche, räumt das Frühstücksgeschirr fort und sagt wie beiläufig: »Heute hole ich meine Sachen; Willi und ich … wir haben uns gestern verlobt.«

Frank nimmt den Kamm und kämmt sich, als habe er nichts gehört.

»In einen Haushalt gehört nun einmal eine Frau. Besonders wenn ein Kind da ist. Es muss ja alles seine Ordnung haben.«

Frank kämmt sich weiter. Hat die Schipprowski gemerkt, dass er wieder an der Kasse war? Fängt sie deshalb damit an?

»Ich meine es gut mit dir, das kannst du mir glauben.« Frau Schipprowski legt Frank die Hand auf die Schulter. »Ich kann doch nichts dafür, dass deine Mutter …«

Frank steht da und sagt kein Wort. Das alles geht ihn gar nichts an. Was Onkel Willi mit der Schipprowski macht, ist seine Sache. Und wenn sie auf ihn hereinfällt, was kann er daran ändern?

Die Frau zieht ihre Hand zurück. »Du bist nicht schlecht und ich bin auch kein Besen, wir müssten doch Freunde werden können. Willst du nicht Tante Trude zu mir sagen?«

Frank legt den Kamm zurück und geht aus der Küche. Tante Trude! Das fehlt ihm gerade noch! Tante Trude und Onkel Willi …

Er ist der Letzte, der die Klasse betritt, hat sich absichtlich Zeit gelassen, ist nicht scharf auf die Begegnung mit Elvis.

Elvis sitzt hinter seinem Tisch. Sein Gesicht ist noch geschwollen, nur sein herausfordernder Blick verhindert, dass über ihn gegrinst wird. Frank setzt sich auf seinen Platz und wartet. Er weiß, dass Elvis kommen wird. Nur was dann passiert, das weiß er nicht. Elvis steht auf, die Klasse hält den Atem an. Doch Elvis geht um

Frank herum und bleibt vor Gisela stehen. »Du hast Frank aufgehetzt«, sagt er. »Dir haben wir's zu verdanken, wenn wir jetzt keine Freunde mehr sind.«

»Schöne Freunde!«, sagt Gisela nur.

Elvis packt Giselas Arm: »Ich scheuer dir gleich eine.«

Gisela wird feuerrot. »Dann kriegste aber eine zurück. Das versprech ich dir.«

Frank streichelt mit dem Zeigefinger seine Insel. Wenn Elvis Gisela nicht gleich loslässt …

Elvis lässt Giselas Arm fahren. »Wir werden uns doch wegen der Weiber nicht streiten, was, Fränkie?«

Elvis schiebt Gisela vor, damit sie Freunde bleiben können. »Na klar!«, murmelt Frank.

Die Stille ist vorüber, Unruhe setzt ein; es ist was Wichtiges passiert: Die Klasse hat einen neuen Klassenchef – Frank!

Das Klingelzeichen.

»Rita ist noch gar nicht da«, sagt Uwi.

»Und Zacke auch nicht«, ergänzt Julia.

Die Jungen und Mädchen sehen sich an.

Ausgerechnet die beiden? Da stimmt was nicht.

Es ist zehn Minuten über die Zeit, weder Frau Hagen noch Rita oder Zacke haben sich blicken lassen.

In der Klasse wird geflüstert und getuschelt. Elvis sitzt auf Franks Tisch, lässt die Beine baumeln und grinst. Es sieht lustig aus, dieses Grinsen im geschwollenen Gesicht, aber auch Hilfe suchend. Irgendwie hat Elvis sich verändert; fast könnte er Frank Leid tun.

Dann kommen Frau Hagen, Rita und Zacke. Zacke blickt verlegen, Rita hält den Kopf hoch, Frau Hagen sieht müde aus.

Ritas Eltern haben sich beschwert. Sie sind mit Rita zum Direktor gegangen, der Frau Hagen kommen ließ, und Frau Hagen rief Zacke dazu; er ist ja der Vertrauensschüler. Nun geht sie vor der Klasse auf und ab und sagt, dass Rita sich von Elvis wegsetzen darf. Sie sagt aber auch, dass sie die Beschwerde nach wie vor nicht einsähe, sondern nur den Anweisungen des Direktors Folge leiste. Als Junger Pionier hätte Rita die Verpflichtung gehabt, Elvis zu helfen, anstatt ihn abzulehnen. »Es geht um jeden, wir dürfen niemanden schlechten Einflüssen überlassen.«

»Von wegen schlechte Einflüsse!«, protestiert Elvis laut. Und Rita, die sich neben Marion gesetzt hat, verteidigt sich: »Ich hab es ja versucht, es ging nicht.« Und dann wird sie rot und fügt hinzu: »Außerdem lasse ich mir doch nicht alles gefallen.«

»Du hast mich nicht verstanden, Rita«, sagt Frau Hagen. »Es geht nicht darum, ob du dir etwas gefallen lassen musst oder nicht. Es geht darum, ob wir Peter aufgeben oder weiter um ihn kämpfen.«

Rita legt den Kopf auf den Tisch und heult: »Aber was hätte ich denn tun sollen?«

»Lieb zu mir sein.« Elvis grinst wieder. Aber es ist nicht echt.

»Weißt du, Peter«, sagt Frau Hagen da und sieht Elvis nachdenklich an, »manchmal fragt man sich, ob es sich lohnt, um solche wie dich zu kämpfen. Aber wenn ich dich aufgeben würde, müsste ich meinen Beruf wechseln. Schließlich bin ich für dich viel wichtiger als für Rita.«

»Warum?« Rita vergisst das Heulen, so betroffen ist sie von dem, was Frau Hagen da eben gesagt hat.

Frau Hagen seufzt. »Schwierige Fälle kosten nun mal mehr Kraft und die haben nicht alle Lehrer.«

Frank möchte am liebsten aufstehen und sagen, dass Elvis sich ja schon verändert hat, dass es gerade jetzt falsch ist, auf ihm herumzuhacken, aber dann wagt er es doch nicht. Soll ausgerechnet er das sagen, wo er doch genauso ein »schwieriger Fall« ist?

Frau Hagen wendet sich der Klasse zu: »Wenn es noch jemanden gibt, der mit seinem neuen Nachbarn unzufrieden ist und von ihm wegmöchte, dann soll er es jetzt sagen.«

Frank senkt den Blick. Er spürt, dass sich alle wie automatisch nach ihm und Gisela umsehen, und er weiß, dass nicht nur er, sondern auch Gisela wie auf einen Schlag rot geworden ist. Aber Gisela meldet sich nicht, es meldet sich überhaupt niemand. Frau Hagens Gesicht hellt sich auf. Sie geht an die Tafel und beginnt mit dem Unterricht.

In der großen Pause tritt Zacke zu Frank und Elvis. »Ihr sollt zu Jochen kommen«, sagt er. »Er will mit euch reden.«

»Worum geht's denn?«, will Elvis wissen.

»Um Ritas Tuch.«

»Haste mich verpfiffen?«

»Seh ich so aus?« Zacke tippt sich an die Stirn.

»Soll er doch zu uns kommen, wenn er was will.« Elvis lässt Zacke einfach stehen, aber Frank nimmt seinen Arm. »Gehen wir lieber.«

Das Pionierzimmer ist ein ehemaliger Klassenraum im ersten Stock, die Tische sind im Viereck aufgestellt und mit blauen Tüchern abgedeckt worden. Die Stühle stehen hinter den Tischen oder an den Wänden, zwischen Fenster und Tafel steht Jochens Schreibtisch. Er sitzt dahinter und zeigt auf die beiden Stühle vor seinem Tisch: »Setzt euch.«

Frank und Elvis setzen sich und erwarten ein Verhör. Die Frage, die dann kommt, überrascht sie: »Warum seid ihr eigentlich noch keine Jungen Pioniere?«

Elvis sieht Frank an, Frank zuckt die Achseln: »Ich bin nicht für so was.«

»Was für ein so was?«

»Na so was!«

»Schrott sammeln«, sagt Elvis.

»Schrott sammeln ist nicht das Einzige, was wir tun«, entgegnet Jochen. »Wir gehen auch mal ins Kino oder ins Theater, wir machen Lesenachmittage und Gruppenabende. Und Schrott sammeln wir, um der Wirtschaft zu helfen. Unsere Wirtschaft benötigt Altmetall. Ihr wisst doch, dass wir kaum Rohstoffe haben.«

Elvis gähnt und schaut auf seine Uhr.

»Also gut! Ihr könnt es auch anders haben.« Jochen lehnt sich zurück und spielt mit seinem Schlüsselbund. »Schildert mir den Vorfall während der Hilfsaktion für die LPG.«

Elvis stößt Frank an: »Mach du das, du bist gut im Aufsatz.«

»Es war ein Streit«, sagt Frank. »Elvis und ich, wir haben uns geprügelt, weiter nichts.«

»Und worum ging es?«

»Er hat mich beleidigt«, sagt Elvis und guckt den Pionierleiter unschuldig an. »Er hat behauptet, Pat Boone sei ein viel besserer Rock'n'Roll-Sänger als Elvis. Das stimmt doch nicht, oder?«

»Du kannst gehen.« Jochen macht eine Handbewegung, die Elvis zeigen soll: Mit dir zu reden hat wirklich keinen Sinn, und wendet sich Frank zu, der auch aufstehen will: »Du bleibst noch.«

Elvis macht einen übertrieben tiefen Bückling und geht. Und als habe er nur darauf gewartet, dass Elvis die Tür hinter sich schließt, lehnt Jochen sich in seinen Stuhl zurück und guckt Frank an, als wäre es ihm von vornherein nur auf ein Gespräch mit ihm angekommen. »Weißt du, was in Ungarn passiert ist?«, fragt er.

Frank hat davon im Radio gehört und in den Zeitungen gelesen. Im Westen heißt es, die ungarischen Arbeiter hätten genug vom Kommunismus, sie wollten endlich wieder frei leben. Im Osten heißt es, der Westen hätte versucht, in Ungarn eine Konterrevolution anzuzetteln. Wie in allen wichtigen Dingen widersprechen sich die Politiker und Journalisten in Ost und West so sehr, dass keiner weiß, was wirklich stimmt, und jeder das glaubt, was er glauben möchte. Er ist da längst vorsichtig geworden, denkt oft an Mutters Wort, man dürfe nicht alles für bare Münze nehmen, nur weil es irgendwo gedruckt steht. Eines aber weiß er sicher, nämlich dass die Kämpfe in Ungarn viel grausamer und andauernder waren als die, die er vor drei Jahren am Potsdamer Platz miterlebte und die dann schließlich auch durch russische Panzer beendet wurden. In den Zeitungen waren furchtbare Fotos zu sehen, Männer, die an Laternenpfählen aufgehangen worden waren, eine mit Toten übersäte Straße, Verletzte. Am meisten aber hatten ihn die Gesichter der Menschen erschüttert, ganz egal, auf welcher Seite sie standen: Sie waren so voller Hass, dass ihm klar wurde, wie es zu diesen Grausamkeiten kommen konnte.

»Wir müssen wachsam sein, damit nicht auch bei uns wieder die Ratten aus ihren Löchern kommen«, sagt Jochen und lässt Frank dabei nicht aus den Augen. »Sie warten ja nur auf eine günstige Gelegenheit.«

Hotte war am 17. Juni vor drei Jahren auch dabei*. Also ist er in Jochens Augen ein Ratte?

»Weißt du«, Jochen kommt um den Tisch herum und lehnt sich vor Frank an die Tischkante, »ich bin der Meinung, dass das mit Ritas Tuch eine gezielte politische Aktion war. Siehst du das auch so?«

Frank versteht nicht. »Eine Aktion?«

»Ja. Ich glaube nicht, dass dein Freund Elvis das nur so aus Quatsch gemacht hat. Er hat doch schon oft über das ›Blautüchlein‹ gespottet, oder nicht?«

Frank schiebt die Unterlippe vor. »Keine Ahnung.«

»Du musst deinen Freund nicht in Schutz nehmen, ich will ihm nichts tun, ich will ihm helfen«, sagt Jochen. »Er ist ein Arbeiterjunge, wie ich einer bin, und es tut mir weh zu sehen, wie er auf den Klassenfeind hereinfällt. Das mit der Musik und dem Kino im Westen, das ist doch vom Gegner gesteuert, um uns ideologisch aufzuweichen.«

Frank ahnt, was Jochen meint, aber seine Worte versteht er nicht.

»Ich finde es gut, dass du Ritas Tuch verteidigt hast.« Jochen wird nun richtig kameradschaftlich. »Das zeigt doch, dass du, wenn du auch aus kleinbürgerlichen Verhältnissen kommst, das Herz auf dem rechten Fleck hast. Komm doch mal zu uns, sieh dich um. Ich bin sicher, dass es dir bei uns gefällt. – Na, was ist?

Hast du keine Lust?«

»Vielleicht komme ich mal.«

Jochen mustert Frank.

»Ich will dir eine Chance geben. Du hast dir eine verdient. Ihr Kleinbürger seid doch auch nichts Besseres als wir Arbeiter, ihr bildet euch das nur ein.«

Wieso sagt Jochen immer Kleinbürger? Was kann er denn dafür, dass seine Mutter eine Kneipe hatte? Und warum sollte er glauben, etwas »Besseres« zu sein?

»Solche wie dich können wir brauchen«, sagt Jochen nun. »Aber wir laufen niemandem nach.«

»Kann ich jetzt gehen?«

»Ja. Aber nicht für immer.« Jochen gibt Frank die Hand. »Einmal wirst du schon noch einsehen, dass du bei uns richtig bist.«

Wie ein Blitz

Elvis hat gewartet. »Na, hat er dich weich geklopft?«

»Der doch nicht.« Frank geht vor Elvis durch das stille Schulgebäude.

»Eigentlich wäre es gar nicht so schlecht, bei denen mitzumachen«, sagt Elvis. »Dann bekommst du einen Pionierausweis und brauchst keinen Lebensmittelkartenabschnitt, wenn du im Westen ins Kino willst.«

»Und was würde Slim dazu sagen?«

»Der hängt mich auf, wenn ich da eintrete.« Elvis grinst und erzählt Frank von dem Tigerkopf, den Slim sich auf den Arm tätowieren ließ. »Wie ein Seemann sieht er damit aus. Und jetzt lernt er selber Tätowieren. Er übt auf einem Gummiball. Wenn er es kann, zeichnet er mir auch einen Tiger auf den Arm.«

Die beiden Jungen gehen durch den zweiten Stock und kommen an den Schränken mit dem Lehrmaterial vorüber. Ausgestopfte Vögel, Eichhörnchen und Hasen schauen sie durch die verglasten Schranktüren hindurch an. In einem anderen Schrank sind Gläser mit Schlangen und Echsen in Spiritus. Elvis hält Frank fest und zeigt auf einen Schrank, der keine Glastüren besitzt, aber einen Spalt weit offen steht. Er öffnet die Tür etwas weiter und reißt die Augen auf: Blöcke, Bleistifte, Radiergummis, Lineale, Tuschkästen – alles sorgfältig gestapelt oder in Kästen verstaut.

»Mensch! Das ist die Gelegenheit!« Elvis schaut sich aufmerksam um, ob auch niemand kommt. »Machste mit?«

»Klar!« Hastig greift Frank in den Schrank und schiebt sich ein paar Radiergummis, Bleistifte und auch einen Tuschkasten ins Hemd. Kichernd vor Aufregung folgt Elvis seinem Beispiel. »Wenn die dahinter kommen, wer das war, verzichtet der Jochen freiwillig auf uns.«

Frank nickt nur. Er hätte gar nichts dagegen, wenn es herauskommt, möchte es sogar ein bisschen. Das verwundert ihn und deshalb drängt er Elvis nun zur Eile.

In der Stunde darauf haben sie Biologie beim alten Herrn Reschke. Frank sitzt hinter seinem Tisch, hört aber nicht zu, muss immer an die Radiergummis und Bleistifte und an den Tuschkasten in seiner Mappe denken. Warum hat er das getan? Er weiß es nicht, es kam wie ein Blitz über ihn, fast so, als wollte er damit jemandem wehtun. Und wieso wollte er, dass es herauskommt? Jetzt will er das nicht mehr, jetzt hat er Angst davor. Schon beim bloßen Gedanken daran wird ihm ganz flau im Bauch.

Er hat wieder mal Mist gebaut, gewaltigen Mist, aber jetzt gibt es kein Zurück mehr. Und während er das noch denkt, verkrampft sich auch schon alles in ihm: Auf dem Flur sind Schritte zu hören, eilige Schritte, und dann wird die Tür zum Klassenzimmer aufgerissen und Jochen und Herr Matoul betreten den Raum. Der dünne Zeichenlehrer im weißen Kittel ist sehr erregt. »Deine Mappe!«, fährt er Frank an.

Frank wird blass. Sein Herz klopft, sein Magen regt sich. »Was wollen Sie denn von mir?«

Jochen zieht die Mappe unter dem Tisch hervor und stülpt sie um. Die Radiergummis fallen auf den Tisch und auf den Boden, die Bleistifte folgen und der Tuschkasten auch. Jochen verliert die Beherrschung. »Du kleinbürgerliches Individuum!«, schreit er Frank an. »Mit so was wie dir vertrödele ich nun meine Zeit.«

Frank beißt sich auf die Lippen: Nicht heulen! Nur nicht heulen! Lieber frech werden.

Elvis hat seine Mappe freiwillig leer geräumt. Er bringt die Radiergummis, Bleistifte und den Tuschkasten im Triumphzug nach vorn, legt sie auf Franks Tisch und bleibt neben Frank stehen.

»Was wolltet ihr denn damit?« Herr Matoul ist fassungslos. »Die könnt ihr doch gar nicht alle gebrauchen.«

Frank und Elvis schweigen. Und dann setzt Frank sich plötzlich hin.

»Aufstehen!«, schreit Jochen.

Frank bleibt sitzen. Seine Augen verschwimmen, er kann nichts mehr sehen. Und dann fällt eine Träne auf den Tisch. Er will sie wegwischen und verschmiert das Grün, mit dem er die Palme eingefärbt hat. Nun sieht es aus, als regne es auf der Insel.

»Aufstehen!« Jochens Stimme überschlägt sich.

»Lassen Sie ihn doch!«, bittet Herr Matoul und auch Herr Reschke gibt dem Pionierleiter zu verstehen, dass das jetzt keinen Zweck hat. Jochen aber packt Franks Arm und zieht ihn hoch.

Frank starrt Jochen an, dann schlägt er zu – mit der freien Hand in die Magengrube. Der Pionierleiter knickt ein und stützt sich am Tisch ab.

Starr vor Schreck wissen die Lehrer nicht, was sie tun sollen. Und genauso baff guckt die Klasse. Frank blickt sich wie gehetzt um, dann läuft er los, raus aus der Klasse, durch die leeren Flure und über den Schulhof auf die Straße. Weg! Er muss weg von hier, weit weg, ganz egal wohin. Und so läuft er, ohne erst lange nachzudenken, zur S-Bahn-Station, kauft sich eine Fahrkarte und besteigt den ersten Zug, der kommt – einen in Richtung Ostkreuz. Doch bereits als der Zug anruckt, weiß er, dass das falsch war. Er hätte in die andere Richtung fahren müssen, in Richtung Westen. Im Westen wäre er so weit weg wie in einem anderen Land.

Aber er kann ja auf dem Bahnhof Ostkreuz umsteigen und von dort aus nach West-Berlin rüberfahren, zum Bahnhof Zoo. Frank lässt sich auf einen Fensterplatz fallen und schaut auf die Gleisanlagen hinaus.

Sie verstehen nichts. Weder Onkel Willi noch die Schipprowski oder Jochen. Sie glauben, sie müssten nur freundlich zu ihm sein und alles wäre in Ordnung …

Vielleicht liegt es wirklich nur an ihm, vielleicht ist er ein Spinner. Vielleicht müsste er sich nur ein wenig Mühe geben und wäre dann so, wie die anderen ihn haben wollen. Aber die anderen sind ja auch nicht, wie er sie haben will. Wieso soll er so sein, wie sie ihn wollen?

Kleinbürgerliches Individuum hat Jochen ihn genannt. Was Individuum heißt, weiß er nicht, da muss er mal im Lexikon nachschlagen, aber was Jochen damit ausdrücken wollte, kann er sich denken: Du bist einer, der nicht hierher gehört, bist von deiner Umgebung versaut worden, kannst gar nicht anders. Natürlich, fast alle Leute, die er kennt, sind »Kleinbürger« – Ladenbesitzer, Handwerker oder Angestellte; richtige Arbeiter verkehren in der *Gemütlichen Ecke* kaum, die gehen lieber in die *Krumme Ida.* Und sicher hat Jochen nicht ganz Unrecht damit, wenn er glaubt, dass viele »Kleinbürger« sich einbilden, was Besseres zu sein als Arbeiter; Herr Bessel und Paule Krause tun es bestimmt. Aber Herr Modersohn denkt nicht so und Ilse Fröhlich auch nicht, mag sie sonst auch noch so viel herumspinnen. Und die Mutter hat auch nicht so gedacht, sie sagte immer, jeder macht, was er kann; nur wer gar nichts macht oder kann oder nichts will, muss sich überlegen, wozu er auf der Welt ist. Darf Jochen einfach alle über einen Kamm scheren? Und bildet er sich nicht selber ein, etwas Besseres zu sein – als ein Kleinbürger zum Beispiel? Überhaupt: Das Wort »klein« vor dem »Bürger« besagt ja schon, dass man sich darauf nichts einbilden darf …

S-Bahnhof-Ostkreuz. Frank steigt aus, läuft die Treppe herunter und erwischt gerade noch den Zug in Richtung Wannsee. Diesmal bleibt er gleich an der Tür stehen. Er ist nun viel zu unruhig, um zu sitzen.

Kalle ist ein »Arbeiter«, weil seine Mutter eine Arbeiterin ist, er ist ein »Kleinbürger«, weil seine Mutter eine Kneipe hat. Aber sein Vater, den er nie kennen gelernt hat, war Maurer, also auch Arbeiter – ist er da nicht auch ein halber »Arbeiter«? Vererbt sich das und versteht er sich deshalb mit Kalle so gut?

Oder ist das alles Quatsch, kommt es auf was ganz anderes an?

Die Gedanken in Franks Kopf beginnen zu kreisen, er schließt die Augen, will nichts mehr denken.

S-Bahnhof Friedrichstraße, letzter Bahnhof im Ostsektor. Die S-Bahn fährt über die Spree und zwischen Bürohäusern hindurch und hinter dem im Krieg zerstörten Reichstag entlang. Frank schaut wieder hinaus, versucht genau die Stelle zu entdecken, wo der Ostsektor in den Westsektor übergeht, sieht dann aber schon den Tiergarten und weiß, dass er sie verpasst hat.

Lehrter Stadtbahnhof, erster Bahnhof im Westen, genauso graubraun und staubig wie die Bahnhöfe im Osten. Nur die knallbunten Kinoplakate und Veranstaltungshinweise verraten den Unterschied. Und der Kiosk mit den Zeitschriften, Süßigkeiten und Zigaretten.

Er ist den Weg schon oft gefahren. Auf dem Ku'damm liegen ja die Uraufführungskinos, alle wichtigen Filme werden hier zuerst gespielt. Aber jetzt will er nicht ins Kino, jetzt will er nur weg, weg von der Schule, weg von zu Hause.

S-Bahnhof Zoo. Frank steigt aus, geht die Treppe hinunter und durch die Vorhalle und steht mitten im Verkehr. Autos über Autos, hastende Menschen, Kioske, Kinotransparente. Eine Zeit lang steht er nur da und schaut sich um, dann wendet er sich nach links. Er will in den Zoo.

Das Raubtierhaus, das Elefantenfreigehege, die Giraffen und Kamele, das Bassin mit den tauchenden und spielenden Seehunden – Frank geht überall vorbei, er ist nicht ruhig genug, um sich die Tiere anzuschauen. Aber vor dem Affenhaus bleibt er dann doch stehen. Als er das letzte Mal mit der Mutter hier war, hatte sie einen Finger durch die Gitterstäbe gesteckt, um die müden Affen etwas aufzumuntern. Einen der Affen ärgerte das. Er sprang ans Gitter und biss ihr in den Finger. Er biss nicht richtig zu, zwickte den Finger nur, doch die Mutter wurde kreidebleich im Gesicht. Erst nachdem sie sich von dem Schreck erholt hatte, sagte sie: »Jetzt bin ich doch tatsächlich vom Affen gebissen worden!«, und musste so lachen, dass sie einen richtigen Hustenanfall davon bekam.

Die Mutter! Er darf gar nicht daran denken, was sie sagen würde, wenn sie wüsste, was er alles angestellt hat.

Die Sonne versteckt sich hinter einem Schleier, es ist kühl und feucht unter den Bäumen. Frank schiebt die Hände in die Hosentaschen und verlässt den Zoo wieder, um den Kurfürstendamm entlangzuwandern. Auf den breiten Fahrbahnen fährt ein Auto hinter dem anderen, rechts und links der Straße locken die Schaufenster der Geschäfte: Kleidung, Schmuck, Schuhe, Radios und Fernseher.

Vor einem der Schaufenster mit Radios und Fernsehern bleibt er stehen: Einen Fernseher müsste er haben! Dann könnte er in seiner Wohnung im ersten Stock bleiben und brauchte überhaupt niemanden mehr. Aber wer im Osten hat schon einen Fernseher?

Der nächste Laden ist ein Schuhgeschäft. Die Schuhe sind modern, die modernsten, die es gibt. Elvis' Bruder Slim besitzt ähnliche, aber nicht so teure.

Frank muss an das Lied denken, das Elvis manchmal singt:

Auf dem Ku,
auf dem Ku,
auf dem Ku'damm
steht ein Boy,
steht ein Boy,
schaut sich Schuh an
und er fragt,
und er fragt,
was sie kosten,
denn der Boy
denn der Boy
ist aus dem Osten!
Yambolaaayah!

Frank geht den Kurfürstendamm hinauf und hinunter. Er besieht sich die Filmplakate und Szenenbilder der Kinos, betrachtet die Männer und Frauen, die vom Einkaufen kommen, und schaut in die Restaurants und Cafés, in denen die Frauen die Hüte aufbehalten und halblange Pelzjacken tragen und die Männer satte Gesichter haben. Er bummelt herum, bis es dunkel wird und die Reklameschriften eingeschaltet werden.

»Brauchen Sie Ausweise?«

Die Worte wurden nur geflüstert, Frank hat sie trotzdem deutlich gehört. Der Mann vor dem Zeitungskiosk hat das gefragt. Er trägt eine Joppe und sieht aus wie ein Schrebergartenbesitzer.

Der Zeitungshändler schaut sich kurz um, dann fragt er: »Wie viele haben Sie denn?«

»Zwei. Den von mir und den von meiner Frau.«

»Zeigen Sie mal.« Der Zeitungshändler nimmt die beiden Ausweise, überprüft sie und murmelt etwas, was Frank, der stehen geblieben ist und so tut, als schaue er sich die ausgehängten Comics an, nicht verstehen kann. Aber er sieht, es sind blaue Ausweise – DDR-Ausweise!

»Wie viel?«, fragt der Mann in der Joppe.

»Hundert für beide.«

»West?«

»Na, was denken Sie denn?« Der Zeitungshändler schiebt die Ausweise in seine Gesäßtasche, greift in seine Kasse, gibt dem Mann ein paar Scheine und sagt: »Wenn Sie wieder mal was haben …«

Der Mann in der Joppe steckt das Geld ein und geht eilig davon. Frank schaut ihm noch einige Zeit lang nach, dann geht er weiter, will nun zurück zum Bahnhof. Mit der Dunkelheit ist die Kälte noch durchdringender geworden.

Selber essen macht fett

Erst der strahlende Kurfürstendamm, jetzt die dunkle, stille Dunckerstraße. Nur aus den Kneipen dringt Lärm. Und in einigen Hauseingängen stehen Liebespärchen, die sich leise miteinander unterhalten. Meistens halten die Mädchen ein Schlüsselbund in den Händen.

Die Tür des Hauses, in dem Kalle wohnt, ist nicht verschlossen. Frank tastet nach dem Lichtschalter, geht durch den Hausflur und über die finsteren Höfe. Als er es bei den Mülltonnen rascheln hört, pfeift er leise. Das Rascheln verstummt. Entweder ist dort eine Ratte oder eine Katze zugange. Vorsichtshalber geht er schneller.

Bei Naumanns brennt Licht. Kalles Mutter sitzt mit ihren Kindern beim Abendbrot, hält den kleinen Alexander auf dem Schoß und steckt ihm gerade ein Brotstückchen in den Mund. Alexander will wieder mal nicht essen, verzieht das Gesicht, spuckt das

Stückchen Brot wieder aus. Seine Mutter steckt es ihm ein zweites Mal hinein.

Frank steht vor dem Fenster, schaut hinein und zögert, bis drinnen laut gelacht wird. Kalle und Alexander krähen besonders laut, Beate verzieht nur das Gesicht.

Frank klopft, das Gelächter verstummt. Frau Naumann kommt und öffnet die Tür. »Ach, du bist's! Komm nur rein.«

Frank betritt die warme Küche. Im offenen Herd verglühen ein paar Kohlen.

»Hast du schon gegessen?«

Frank will Ja sagen, spürt dann aber ein so heftiges Verlangen, in dieser Runde zu sitzen, dass er die Wahrheit sagt.

»Na, dann komm!« Kalles Mutter schiebt Frank einen Stuhl hin. »Es ist genug da. Alex will ja sowieso nichts.«

Das ist ein Irrtum, denn jetzt, da Frank mit am Tisch sitzt, will Alexander plötzlich essen. Er haut rein wie tausend Mann und guckt Frank dabei listig an. Kalles Mutter schmunzelt und auch Kalle grinst vergnügt – aber aus einem anderen Grund. »Von dir hört man ja schlimme Sachen«, sagt er zu Frank.

»Was hat er denn angestellt?«, will seine Mutter wissen.

»Er hat Jochen in den Bauch geboxt. Die ganze Schule weiß es.«

»Dem Pionierleiter?« Frau Naumann ist entsetzt und sieht Frank besorgt an. »Das wird bestimmt noch ein Nachspiel haben.«

Frank ist sicher, dass der Diebstahl und auch der Boxhieb noch ein Nachspiel haben werden. Doch er wird nicht mitspielen, das hat er sich fest vorgenommen. Solange es geht, wird er allem ausweichen, und wenn es nicht mehr geht, wird er einstecken, was sie mit ihm anstellen. Was soll er denn sonst tun?

Nach dem Essen bringt Frau Naumann die Kleinen zu Bett und Kalle muss abwaschen. Frank macht sich nützlich, indem er Beate das Handtuch abnimmt und für sie abtrocknet. Das ist ihm lieber, als nur herumzusitzen und auf Kalle zu warten. Außerdem sind sie nun, da Beate erlöst verschwindet, allein in der Küche und können sich endlich richtig miteinander unterhalten.

»Wo warste denn heute den ganzen Tag?«, fragt Kalle. »Gleich nach der Schule war ich bei dir, aber du warst nicht da.«

»Aufm Ku'damm.«

»Aufm Ku'damm?« Kalle lässt den Teller ins Spülwasser zurücksinken. Der Ku'damm ist sein Traumparadies, dort möchte er mal hinziehen, wenn er genug Geld verdient hat. Und er ist sicher, dass er das eines Tages schafft.

Frank erzählt vom Zoo und von dem Mann, der seine Ausweise verkaufte.

»Hundert Mark West für zwei Ausweise?«, staunt Kalle. »Ich hab ja auch einen.«

»Na und? Jeder ab vierzehn hat einen Ausweis.«

»Wenn ich den verkaufe – fünfzig Westmark, zweihundert Ostmark!«

Kalle ist ganz aufgeregt.

»Aber du brauchst deinen Ausweis doch! Du musst zur Polizei, dir einen neuen holen, wenn du den alten nicht mehr hast.«

»Der Mann, den du gesehen hast, muss das ja auch – und er hat sogar gleich zwei Ausweise verkauft.«

Frank schweigt. Der Mann und die Frau werden sagen, sie haben ihre Ausweise verloren. Wer will ihnen beweisen, dass das nicht stimmt?

»Für einen neuen Ausweis verlangen die auf der Polizei fünfzig Mark«, rechnet Kalle. »Meine Mutter hat nämlich wirklich mal einen verloren. Zweihundert weniger fünfzig – bleiben hundertfünfzig Mark!«

Frank tut es schon Leid, Kalle von dem Ausweisverkäufer erzählt zu haben. »Und was machen die im Westen mit unseren Ausweisen?«, sagt er. »Sie kaufen damit bei uns ein*. Und wenn wir was kaufen wollen, gibt's nichts.«

»Ob sie meinen Ausweis nehmen oder einen anderen, ist doch

egal.« Kalle grinst. »Selber essen macht fett.« Den Spruch hat Kalle von seiner Mutter.

Frank legt das Handtuch beiseite. »Ich muss jetzt gehen. Es ist schon spät.«

»Jetzt biste sauer.« Kalle ist enttäuscht. »Ich verkauf meinen Ausweis ja nicht.«

Das sagt Kalle jetzt nur, weil er ihn nicht verärgern will. »Tschüs!« Frank hält Kalle die Hand hin, geht dann aber doch noch nicht gleich, sondern sagt: »Übrigens, ich geh morgen nicht in die Schule.«

»Was haste denn vor?«

»Ich fahr nach Buch.«

»An den Mississippi?« Kalle strahlt. »Nimmste mich mit?«

»Wenn du auch schwänzt?«

Kalle macht eine großspurige Handbewegung. »Ob ich in der Schule bin oder nicht, merkt sowieso keiner.«

Frank muss lachen. Wenn er Kalle auch nicht immer versteht, so ist er doch sein bester Freund. Und daran wird sich auch nichts ändern.

In der *Gemütlichen Ecke* geht es hoch her. Herr Niemayer sitzt am Klavier, spielt und singt: »Am 30. Mai ist der Weltuntergang, wir leben nicht mehr lang, wir leben nicht mehr lang …« Einige der Gäste tanzen, Frau Schipprowski hastet mit den Getränken hin und her, Willi zapft. Eine ganze Batterie Biergläser hat er vor sich aufgebaut.

Es sieht nicht danach aus, als ob Jochen oder Frau Hagen hier gewesen wären. Frank überlegt, ob er hineingehen soll oder nicht. Aber dann geht er an den Fenstern vorüber zur Haustür, schließt sie auf und steigt in den ersten Stock hinauf. In der Wohnung angekommen, zieht er sich gleich aus, geht ins Bad und wäscht sich, hält dann aber plötzlich inne: An der Tür ist geschlossen worden.

»Frank!«

Die Schipprowski! Sie steht vor der Badezimmertür.

»Ja.«

»Willst du nichts essen? In der Küche stehen deine Brote.«

»Bin satt.«

Sagt sie noch etwas? War doch jemand von der Schule da?

Frau Schipprowski bleibt noch einen Moment lang vor der Tür stehen, dann geht sie wieder und Frank wäscht sich weiter.

Am Mississippi

Der Wecker rasselt. Frank stellt ihn ab und sinkt ins Bett zurück. Er ist todmüde, hat die Nacht über kaum geschlafen. Bis in den frühen Morgen hinein dachte er an die Schule, malte sich die ihm eventuell bevorstehenden Situationen aus und wie er sich darin verhalten wird. Mit schwerem Kopf steht er auf, geht ins Bad und wäscht sich. Danach zieht er ein warmes Hemd und zwei Pullover an, steigt mit seiner Decke und der Taschenlampe in den Händen die Treppe hinab, schließt die Tür zum Hintereingang auf, tastet sich in den Flur hinein und lauscht.

Alles ist still, nur Willis Schnarchen ist zu hören.

Er muss zur Kasse. Er braucht Geld. Mindestens zwanzig Mark.

Als Frank die Tür wieder hinter sich zuschließt, hat er Geld. Dreißig Mark. Er bringt die Decke und die Taschenlampe in den ersten Stock zurück und verlässt das Haus.

Auf der Straße ist es noch dunkel und die Luft ist feucht und kalt wie immer in den letzten Tagen. Frank zieht die Schultern hoch und geht etwas schneller.

In der Dunckerstraße muss er warten, es ist noch zu früh. Er lehnt sich an die gegenüberliegende Hauswand und beobachtet die Männer und Frauen, die das Haus verlassen. Die meisten Männer tragen abgelederte Aktentaschen unter den Armen und die meisten Frauen Einkaufstaschen in den Händen. Auf dem Heimweg von der Arbeit müssen sie einkaufen.

Als Kalles Mutter kommt, zieht Frank sich in einen Hausflur zurück und geht Kalle danach ein Stück entgegen. Und richtig, kaum ist Kalles Mutter um die Ecke gebogen, kommt Kalle auch schon. Er hat nur gewartet, bis seine Mutter aus dem Haus ist, um seine Mappe nicht mitschleppen zu müssen.

Sie fahren mit der Straßenbahn bis zur Weißenseer Spitze, steigen dort in den Doppelstockbus um und haben Glück, erwischen Plätze in der ersten Reihe oben und können so die Fahrt aus der Stadt heraus, zwischen Schrebergärten und Dörfern hindurch und an Feldern vorbei, aus ihrer Höhe herab so richtig genießen. Sie sind diesen Weg schon sehr oft gefahren, kennen jede Kurve, jede Dorfkirche. Hinter Heinersdorf leert sich der Bus, zum Schluss sind Frank und Kalle die einzigen Fahrgäste. Sie machen es sich auf ihrer Bank bequem und grinsen, wenn ein tief hängender Ast den Bus streift und es aussieht, als fahre er ihnen ins Gesicht. Es ist fast alles so wie früher; jedenfalls geben sie sich Mühe, es so werden zu lassen.

Endstation ist an den Kiesgruben, die schon lange außer Betrieb sind. Die Grubensohlen sind mit staudenartigem Unkraut und kleinen Bäumen zugewachsen und zwischen dem Grün liegen morsche Bretter, verrostete Bleche und Steine herum. Kalle macht sich sofort auf die Suche nach der Höhle, die sie sich im Sommer vor zwei Jahren bauten. Als er sie findet, ist er enttäuscht: Die Bretter sind auseinander gefallen, die zerschlissene Matratze ist vom Regen der letzten beiden Jahre aufgeweicht und hinüber.

»Gehen wir gleich zum Mississippi«, schlägt Frank vor.

Der Weg zu dem kleinen Bach außerhalb der Stadtgrenze führt zwischen Feldern und Weiden hindurch. Im Sommer steht hier Mais, der wunderbar schmeckt, solange er noch jung ist und die Kolben zart und saftig sind. Jetzt ist hier alles kahl und tot und trübe. Die Stimmung der beiden Jungen sinkt.

An der Stadtgrenze stehen Wachhäuschen; Erwachsene werden hier manchmal nach dem Ausweis gefragt. Gleich hinter der Grenze aber ist ein Dorfkonsum, in dem es alles gibt, angefangen von der Schuhcreme bis zum Harzer Käse. In den gehen sie hinein und Frank kauft Brötchen, Wurst am Stück, Zigaretten und zwei Flaschen Limonade.

»Für wen sind die Zigaretten?«

»Für meinen Vater.«

Die Verkäuferin bleibt misstrauisch, aber sie händigt Frank die Zigaretten aus.

Am Mississippi stehen Frank und Kalle eine Zeit lang hilflos herum. Das Gras ist nass und sie verspüren keine Lust, sich feuchte Hintern zu holen. Aber dann sieht Kalle auf der nahe gelegenen Kuhweide eine alte Kiste liegen. Er tritt an den Zaun heran und taucht vorsichtig unter ihm hindurch, um sich an die Kiste heranzuschleichen. Doch die Kühe sehen nur müde zu ihm hin, kauen und interessieren sich nicht für Kalles Kiste.

Auf der Kiste sitzend, frühstücken Frank und Kalle. Als sie damit fertig sind, rauchen sie jeder eine Zigarette. »Erzähl was Neues von Tom und Huck«, bittet Kalle.

Früher hat Frank mit Kalle hier immer Tom Sawyer und Huckleberry Finn gespielt und ihm dabei die Geschichten aus dem Buch von Mark Twain erzählt. Jetzt hat er dazu keine Lust mehr.

Kalle ist enttäuscht. Aber dann, nachdem er eine Zeit lang nachgedacht hat, sagt er: »Es stimmt ja auch alles nicht mehr. Du bist ja gar kein Tom mehr.«

Frank überlegt und stimmt Kalle zu: Er ist keiner mehr, der immer nur Streiche im Kopf hat; er ist nun so eine Art Huck geworden, einer, der nicht recht weiß, wo er hingehört. »Und wer bist du jetzt, wenn ich Huck bin?«, fragt er Kalle.

»Tom?«

»Nee.« Frank muss lachen. Ein Tom ist Kalle nun wirklich nicht.

»Wenn ich Huck bin«, schlägt er vor, »bist du Neger Jim, Hucks bester Freund.«

Doch Kalle gefällt die neue Rolle nicht, er will kein Neger sein. Frank erzählt ihm von Hucks und Jims Flucht den Mississippi hinunter und was für ein prima Kerl dieser Jim war, aber Kalle bleibt stur: »Ein Neger ist ja fast so was wie ein Affe.«

Das hat er aus seinen Tarzan-Geschichten. Frank wird wütend. »Du bist ja bekloppt – Jim ein Affe! Lies das Buch mal, dann weißte, dass er 'n prima Kerl war.«

»Ich bin trotzdem kein Neger«, beharrt Kalle.

»Na, dann eben nicht!« Frank hat keine Lust, weiter mit Kalle zu streiten. Und er hat keine Lust mehr, weiter auf der nasskalten Wiese zu hocken. »Fahren wir zurück«, sagt er und steht auf. »Ist ja viel zu kalt hier draußen.«

Ein Tauschgeschäft

Die *Gemütliche Ecke* hat geschlossen, es ist ja Dienstag. Frank bückt sich und läuft unter den Fenstern hindurch. Sicher sind Onkel Willi und die Schipprowski gerade mit Putzarbeiten beschäftigt; falls einer der beiden zufällig hinausschaut, muss er nicht unbedingt mitbekommen, aus welcher Richtung er heimkommt. Er will in den ersten Stock hoch, will erst ein bisschen allein sein, bevor er zum Mittagessen wieder hinuntergeht. Im Hausflur aber prallt er zurück: Frau Hagen! Sie kommt ihm geradewegs entgegen. Er will schnell wieder kehrtmachen und davonlaufen, doch die Lehrerin sagt so leise und bittend »Frank!«, dass er stehen bleiben muss.

»Frank!«, sagt Frau Hagen noch einmal und guckt ihn lange an, bevor sie weiterspricht. »Ich war bei deinem Vater. Ich habe ihm gesagt, dass es nicht so weitergehen darf mit dir.«

Frank verschränkt die Arme auf dem Rücken. Damit hatte er gerechnet, das musste ja kommen.

»Und ich will dir auch gleich verraten, was ich noch zu ihm gesagt habe«, fährt Frau Hagen fort und legt Frank sachte eine Hand auf die Schulter. »Ich habe ihm gesagt, dass es für dich das Beste wäre, wenn du in ein Heim kämst.«

In ein Heim? Hat er sich verhört?

Er hat sich nicht verhört, Frau Hagen erzählt von einem Heim, das sie kennt. »Es liegt ein wenig außerhalb und ist noch ganz neu. Dort bist du gut untergebracht, gehst zur Schule, findest auch bestimmt bald Freunde. Und am Wochenende besuchst du deinen Vater.«

Er will in kein Heim! Ein einziges Mal hatte die Mutter versucht, ihn mit anderen Kindern zusammen in die Ferien zu schicken – das Ergebnis war, dass er tagelang nur heulte, bis schließlich Herr Modersohn kam und ihn wieder dort abholte. Er will in kein Heim, er hat Angst vor so vielen fremden Menschen; was hat Frau Hagen da angerichtet?

»Es wäre das Beste für dich«, sagt Frau Hagen noch einmal. »In dieser Umgebung und ohne Zuwendung kann man doch nicht leben.« Sie macht eine Handbewegung, als meine sie nicht nur die *Gemütliche Ecke*, sondern gleich die ganze Straße, den ganzen Stadtteil.

»Und was hat Onkel Willi dazu gesagt?«

»Rausgeworfen hat er mich.« Frau Hagen macht ein Gesicht, als hätte sie von Onkel Willi auch nichts anderes erwartet. »Er hat gesagt, ich soll mich um meine eigenen Angelegenheiten kümmern. Dass du auch meine Angelegenheit bist, hat er nicht verstanden.«

Frank atmet auf. »Ich will ja auch nicht ins Heim.«

»Du hast völlig falsche Vorstellungen von den heutigen Heimen«, sagt die Lehrerin. »Ich kenne sie, hab ja dort unterrichtet. Du kannst mir glauben, so schlecht, wie du glaubst, ist es dort nicht.«

In Frank verhärtet sich alles. Warum will Frau Hagen denn, dass er hier weggeht? Hier kennt er sich doch aus, hier hat er seine Freunde ... hier ist er zu Hause. »Lassen Sie mich doch in Ruhe«, bittet er, obwohl er am liebsten schreien würde. »Das geht Sie doch alles gar nichts an.«

»Doch!«, widerspricht Frau Hagen. »Es geht mich was an. Wenn du erst ein bisschen darüber nachgedacht hast, wirst du es einsehen.«

»Werde ich nicht!«

Frank wird heftiger, böser, ungeduldiger. Will Frau Hagen ihn denn einfach nicht verstehen?

»Na gut! Reden wir ein andermal darüber. Ist ja verständlich, dass dir der Gedanke daran erst mal schwer fällt.« Frau Hagen macht eine Pause und fragt dann: »Kommst du morgen zur Schule?«

Frank nickt stumm. Er ist der Lehrerin immer noch böse.

»Dann musst du dich bei Jochen entschuldigen, hörst du? Du musst dich unbedingt bei ihm entschuldigen.«

Frank wird sich bei Jochen entschuldigen. Er wird alles tun, was von ihm verlangt wird – wenn er nur nicht ins Heim muss!

»Gut!« Frau Hagen verabschiedet sich von Frank und bittet ihn, über alles noch mal in Ruhe nachzudenken – sie wolle ihn ja zu nichts zwingen. Dann geht sie.

Nur kurz schaut Frank der Lehrerin noch nach, dann stürzt er in den ersten Stock hoch, zieht sich um und wäscht sich und läuft eilig in die Gaststube hinunter.

Frau Schipprowski steht hinter der Theke, hält den mehrere Meter langen Bürstendraht in den Händen und stochert damit in der Zapfanlage herum. Sie befördert immer wieder neuen Schleim ans Tageslicht, kommt ins Schwitzen und wischt sich mit den nackten Ellenbogen über die Stirn. Franks Mappe und die Jacke liegen auf dem Stammtisch.

»Wo ist Onkel Willi?«

»Willst du etwa zu ihm, nach allem, was du angestellt hast?«

»Ja.«

»Er ist im Hinterzimmer.«

»Schläft er?«

»Nein. Er erledigt ›Büroarbeiten‹.«

Frau Schipprowski guckt böse. Sie findet es nicht in Ordnung, dass sie hier schuftet und Onkel Willi es sich im Hinterzimmer gemütlich macht. Frank überlegt nicht lange: »Ich kann Ihnen ja helfen.«

»Wenn du willst.«

Frank will. Es geht um das, was Frau Hagens Vorschlag angerichtet hat; er muss alles ganz genau wissen. Deshalb nimmt er nun einen Lappen und die Flasche mit der Politur und beginnt, die Theke mit der Politur einzureiben, wie er es früher manchmal für die Mutter getan hat.

»Du kannst es ja wirklich.« Frau Schipprowski schaut Frank einige Zeit zufrieden zu und sagt dann: »Deine Lehrerin ist übrigens sehr nett, aber wie sie mit Willi geredet hat, war unüberlegt.«

»Was hat sie denn gesagt?« Frank tut, als hätte er eine besonders stumpfe Stelle entdeckt, fragt nur wie nebensächlich, ist aber ganz Ohr.

»Sie hat ihm gesagt, dass du gestern Radiergummis und Bleistifte gestohlen und den Pionierleiter in den Bauch geboxt hast. Und dass du heute die Schule geschwänzt hast.«

»Und Onkel Willi? Was hat er gesagt?« Frank schaut noch immer nicht auf.

»Erst gar nichts, nur, dass er mit dir reden will. Dann schlug deine Lehrerin vor, dass er dich in ein Heim geben soll. Da ist er aufgebraust. Richtig beleidigt war er. Er könne seinen Sohn selber erziehen, hat er gesagt.«

Frank putzt und putzt und wartet darauf, dass Frau Schipprowski weitererzählt.

Als nichts kommt, richtet er sich auf und schaut sie an.

Darauf hat Frau Schipprowski nur gewartet. Sie sagt nun und spricht dabei so langsam, als müsse sie die Worte sorgfältig abwägen: »Als deine Lehrerin gegangen war, hat er nachgedacht: über dich, über mich, über sich. Tja, und was er da so alles gedacht hat, ich hatte Mühe, es ihm wieder auszureden.«

Gleich kommt es, gleich wird sie ihm sagen, was da noch in der Luft schwebt.

»Er meinte, eigentlich wäre die Idee mit dem Heim gar nicht so schlecht. Vielleicht wäre es besser für dich ...«

Das ist es, was er befürchtet hat! Das Heim ist für Onkel Willi die einfachste und bequemste Art, ihn loszuwerden.

»Du musst zugeben«, sagt die Frau hinter der Theke, »viel Freude machst du uns nicht.«

Uns! Sie sagt uns!

»Ich geh aber nicht ins Heim.« Frank legt den Lappen weg. »Lieber hau ich ab.«

»Wenn du vernünftig bist, brauchst du ja auch nicht ins Heim.« Frau Schipprowski zieht den Bürstendraht aus dem Leitungsrohr, rollt ihn auf und legt ihn zum Abspülen ins Spülbecken. Dann öffnet sie den Eisschrank, nimmt eine Flasche Korn heraus und gießt sich ein Schnapsglas voll davon ein.

Wie eine Gaststättenbesitzerin, denkt Frank. Sie fühlt sich nicht mehr als Angestellte.

»Solange ich da bin, brauchst du nicht ins Heim«, wiederholt Frau Schipprowski, als sie das Glas ausgetrunken hat. »Ich sorge dafür, dass du deine Ordnung hast, und ich rede mit Willi, wenn es angebracht ist. Und wenn du in der Schule und zu Hause keinen Ärger machst, kommt niemand mehr auf die Idee, dich in ein Heim zu stecken. Es hängt also alles von dir ab – nur von dir.«

Ein Geschäft! Ein Tauschgeschäft: Wenn du mich leben lässt, lass ich dich auch leben, heißt das. Wenn du mir keinen Ärger machst, mach ich dir auch keinen Ärger! Kneipe gegen Heim.

»So ist das nun mal«, sagt die Frau hinter der Theke. »Eine Hand wäscht die andere.«

Spaniens Himmel

Frank steht vor der Klassentür und holt tief Luft, dann tritt er ein. Die Klasse verstummt, alle sehen ihn an. »Tagchen!« Frank wirft die Mappe auf seinen Tisch, hängt seine Jacke an einen der Garderobenhaken, setzt sich und wartet auf Elvis. Er weiß, dass Elvis kommen wird.

Und richtig, kaum sitzt er, kommt Elvis auch schon und legt sich quer über Franks und Giselas Tisch. »Die Sache mit dem Zeichenmaterial ist gestorben. Ein Besuch bei den Eltern, mehr ist ihnen nicht eingefallen.«

Also war Frau Hagen auch bei Elvis' Eltern. »Was hätten sie denn sonst tun sollen?« Frank gibt sich, als hätte er nichts anderes erwartet.

»Und die Sache mit Jochen?«, fragt Elvis.

»Mit dem rede ich nachher.« Die Show ist perfekt. Er redet mit Jochen, nicht umgekehrt.

Elvis erzählt von Slim: Der Bruder will ihm am Nachmittag den Tiger auf den Arm tätowieren. »Wenn du Lust hast, komm zu mir. Wenn ich Slim frage, tätowiert er dir auch was auf.«

»Klar komme ich. Wann denn?«

»Um drei«, sagt Elvis. »Slim hat heute Schule.«

Herr Gregor betritt die Klasse, grüßt und teilt die Arbeitshefte aus: Ein Russisch-Diktat steht an.

Frank meldet sich: »Ich hab gestern gefehlt.«

»Das macht nichts. Die Vokabeln sind alle aus dem Stoff der vorigen Woche.« Herr Gregor nickt Frank freundlich zu, hat längst vergessen, welchen Ärger er ihm machte.

Frank setzt sich und guckt Gisela an. »Das wird 'ne Pleite«, flüstert er. Gisela antwortet nichts, aber als es so weit ist, nimmt sie ihren linken Arm weg und schreibt so groß und deutlich, dass Frank alles mit Leichtigkeit entziffern kann. Er atmet auf und nutzt die Gelegenheit, die Gisela ihm bietet. Und als es dann zur Pause läutet und Herr Gregor die Hefte wieder einsammelt, bedankt er sich. »Ohne dich hätte ich 'ne fette Fünf geschrieben.«

»Haste wenigstens 'n paar Fehler eingebaut?«

Klar hat er das; er ist doch nicht blöd. Gisela schreibt in Russisch fast nur Zweien. Es würde auffallen, wenn er plötzlich auch eine Zwei hätte.

»Und wo warste gestern?«

»Keine Lust gehabt.« Frank gibt sich lässig. Der glückliche Verlauf des Russisch-Diktats hat etwas in ihm gelöst. Und weil er sich so gut fühlt, benutzt er gleich die erste Pause, um zu Jochen hinunterzugehen, klopft an die Tür des Pionierzimmers und wartet.

»Bitte!«, ertönt es von drinnen.

Jochen sitzt hinter seinem Schreibtisch, schreibt etwas, schaut kurz auf, ist nicht überrascht, schreibt weiter.

»Ich ... ich wollte mich entschuldigen.«

Jochen legt den Kugelschreiber weg, verschränkt die Arme hinter dem Kopf und streckt sich. Doch er sagt nichts, sieht Frank nur an.

Frank senkt den Blick.

»Noch was?« Jochen beugt sich wieder über den Schreibtisch.

»Ja.« Frank spürt auf einmal eine wahnsinnige Wut. »Was ist das eigentlich, ein kleinbürgerliches Individuum?«

»Das ist einer, der für die Gesellschaft nutzlos ist.«

Frank steht da und wartet. Es muss doch noch etwas kommen.

»Das ist alles«, sagt Jochen.

Da dreht Frank sich um und geht. Für Jochen ist er gestorben, für den existiert er nicht mehr. Aber er hat nicht das Gefühl, darüber traurig sein zu müssen.

In der nächsten Stunde haben sie Musik. Frau Hendrich sitzt am Klavier, spielt ein paar Töne an und hebt die Hand, um der Klasse den Einsatz anzuzeigen. Alle Augen sind auf Frau Hendrichs Hand gerichtet und genau im richtigen Moment singt die Klasse:

»Spaniens Himmel breitet seine Sterne
über unsre Schützengräben aus …«

Das Klavierspiel bricht ab. Frau Hendrichs Zeigefinger deutet auf den übertrieben laut singenden Elvis: »Bitte aussetzen!« Dann gibt sie erneut den Takt an:

»Spaniens Himmel breitet seine Sterne
über unsre Schützengräben aus …«

Der Musikraum ist hell und draußen ist es klar und sonnig wie an einem kalten Wintertag. Frank schaut aus dem Fenster, denkt an Onkel Willi, Frau Hagen, Frau Schipprowski. Von jetzt an muss er aufpassen, vorsichtig sein. Sie dürfen keinen Grund mehr finden, ihn loswerden zu wollen …

Wieder unterbricht Frau Hendrich. »Warum singt denn nur die Hälfte mit?«, fragt sie ärgerlich. »Kennt ihr den Text nicht?« Sie schaut sich in der Klasse um, entdeckt Frank und winkt ihn zu sich: »Komm doch mal her.«

»Ich? Wieso gerade ich?«

»Frag nicht, komm vor! Du kennst doch den Text?«

Frank kennt ihn.

»Also, dann!« Frau Hendrich spielt ein paar Takte vor und hebt die Hand.

Und Frank singt. Voller Ärger und bemüht, die Sache schnell hinter sich zu bringen, legt er los:

»Spaniens Himmel breitet seine Sterne
über unsre Schützengräben aus
und der Morgen grüßt schon aus der Ferne,
bald geht es zu neuem Kampf hinaus.
Die Heimat ist weit …«

Das ganze Lied muss er singen, Frau Hendrich hört einfach nicht auf zu spielen. Danach legt sie die Hände in den Schoß und sagt erstaunt: »Du kannst ja singen! Du kannst ja sogar gut singen.«

Verlegen geht Frank auf seinen Platz zurück und will sich hinsetzen, entdeckt gerade noch rechtzeitig den zusammengefalteten Zettel auf seinem Stuhl. Er nimmt das Briefchen und steckt es weg. Sicher steht irgendein Spott drauf, *Sängerknabe* oder so etwas.

»Jetzt aber wirklich alle.« Frau Hendrich gibt den Takt an:

»Die Heimat ist weit,
doch wir sind bereit.
Wir kämpfen und siegen für dich:
Freiheit.«

Frank zieht das Briefchen aus der Hosentasche und faltet es auseinander. *Ich muss heute zum orthopädischen Turnen. Wenn du willst, kannst du mich abholen. Um halb sechs vor der Schule. G.*

Gisela? Frank sucht Giselas Blick. Im Musikraum sitzt sie immer noch mit Rita zusammen. Aber Gisela schaut nicht zu ihm hin, guckt nur auf Frau Hendrichs Taktangaben, ist mit ihren Gedanken anscheinend wirklich bei den Freiheitskämpfern in Spanien.

Mit der Schere in der Hand steht Frank vorm Spiegel, kämmt sich die Haare in die Stirn und schneidet, was ihm zu viel erscheint, rundum ab. Danach nimmt er Naumanns Brennschere und hält sie in die Flamme des Gasherdes.

Kalle hat ihm die Brennschere geliehen und eine Menge guter Ratschläge mit auf den Weg gegeben. Die Ratschläge hat er vergessen, es waren zu viele, aber die Szene in der Küche, als er zusah, wie Frau Naumann Kalle die Haare schnitt, die hat er noch vor Augen.

Die Schere wird schnell heiß und schnell kalt, es ist eine mühselige Arbeit, immer wieder neue Haarspitzen nach hinten zu drehen, aber Frank ist geduldig: Er will endlich einmal die Haare aus der Stirn bekommen.

Als er die Schere dann endlich weglegen kann, nimmt er die Pomade, die er sich gekauft hat, reibt und rubbelt sie in die Haare und kämmt sich das nun fettig glänzende Haar mal in die eine, mal in die andere Richtung. Er versucht diese und jene Frisur, ist aber mit keiner so richtig zufrieden. Schließlich kämmt er sich die Haare an den Schläfen nach hinten und auf dem Kopf nach vorn. Das ist Slims Frisur: vorne Schwalbe, hinten Ente. Einigermaßen zufrieden mit seinem neuen Aussehen geht er dann los – zu Slim und Elvis, zum Tätowieren.

Slim und Elvis wohnen in der Dimitroffstraße, in einem Haus mit Stuckfassade, das früher mal zu den besseren Häusern gehörte. Auch im Treppenhaus erkennt man das noch. Frank steigt in den vierten Stock empor und klingelt.

Slim öffnet. »Noch ein Patient«, sagt er und nickt anerkennend mit dem Kopf: Franks neue Frisur gefällt ihm.

Frank grinst verlegen und geht hinter Slim her in das Zimmer, das Slim und Elvis bewohnen. Dort sieht es bunt aus, auf den beiden Betten liegen allerlei Dinge herum und an den Wänden hängen ganzseitige Illustriertenfotos von Schauspielern und Schlagersängern. Elvis Presley ist darunter, Marilyn Monroe, Jerry Lee Lewis und natürlich James Dean.

Elvis sitzt an einem alten, schon ziemlich zerkratzten Tisch, auf dem ein Kofferradio ohne Rückwand und ein offenes Tintenfass stehen und Stecknadeln liegen, und staunt Frank an. »Mann! Du hast ja 'ne tolle Mecke! Warste beim Friseur?«

»Musste mal sein.« Frank setzt sich auf das Fensterbrett, um Slim und Elvis zuzuschauen.

Slim setzt sich Elvis gegenüber, lässt den Bruder den Arm ausstrecken, taucht eine der Stecknadeln in die Tinte und pikt Elvis damit in den Arm.

»Tut gar nicht weh.« Elvis grinst. Aber es ist ein anderes Grinsen als jenes, das er immer in der Schule aufsetzt. In der Schule markiert er immer den eiskalten Halbstarken, jetzt ist er nur Slims kleiner Bruder und fühlt sich wohl dabei.

Frank sieht zu, wie Slim an dem schon halb fertigen Tigerkopf herumarbeitet. Slim ist geschickt, kann wirklich gut zeichnen und es scheint ihm auch Spaß zu machen.

Slim hebt den Kopf. Er hat Franks Blick bemerkt. »Was willst du denn als Markenzeichen mit dir herumtragen?«

»Eine Insel.«

»Was denn für 'ne Insel?«

»Eine mit 'ner Palme«, antwortet Elvis für Frank.

»Ach so! Das kenne ich. Im Knast lassen sie sich so was auftätowieren.«

»Warum denn gerade im Knast?«, staunt Frank.

»Weil sie sich einsam fühlen, einsam wie auf 'ner unbewohnten Insel.«

Das hat Frank noch nicht gewusst, darüber muss er mal nachdenken.

»Aua!« Elvis zieht den Arm zurück.

»Sei nicht so zimperlich«, schimpft Slim. »Ohne Piken geht's nicht.« Aber er wird doch vorsichtiger.

So wie Elvis den harten Burschen nur spielt, ist auch Slim nicht der Bösewicht, für den viele Erwachsene ihn halten, nur weil er immer wie eine Mischung aus James Dean und Marlon Brando herumläuft. Die Lederjacke mit dem Superkreuz und die engen Röhrenjeans sind nun mal schick, und dass er mitmacht, wenn die anderen ein Remmidemmi veranstalten, kann Frank ihm auch nicht verdenken. Das gehört nun mal dazu, wenn man in einer Clique ist.

Der Tigerkopf ist fertig. Slim betrachtet ihn von allen Seiten. »Wenn die blaue Tinte eingezogen ist, mach ich dir mit roter Tinte noch ein paar Ornamente hinein«, verspricht er Elvis.

Frank betrachtet ebenfalls Elvis' Arm. Der Tiger sieht wirklich gefährlich aus.

»Zeichne mir deine Insel mal vor.« Slim schiebt Frank Papier und Bleistift hin. Frank gibt sich Mühe, aber so gut wie die Insel auf seinem Tisch in der Schule wird die auf dem Papier nicht.

Slim nimmt Franks linken Arm und reibt die Stelle, auf die er die Insel eintätowieren will, erst mit einem Waschlappen sauber und danach mit einem Handtuch trocken. »Wenn Schmutz reinkommt, gibt es Entzündungen.«

»Geht das eigentlich wieder ab?«

»Wenn ihr es nicht ab und zu auffrischen lasst, hält es nicht lange«, gibt Slim zu. »Ich kann euch keine echten Tätowierungen machen, dafür fehlen mir die Geräte.«

Frank ist froh, dass die Tätowierung auf seinem Arm nicht lange bleiben wird, aber er bemüht sich, das nicht zu zeigen. »Ist deine Tätowierung echt?«, fragt er und blickt den blauroten Tigerkopf auf Slims Arm an.

»Die hab ich noch als Opa auf dem Arm.« Slim nimmt eine Nadel, tunkt sie in die Tinte und pikt Frank damit in den Arm. Es tut wirklich nicht besonders weh, aber Frank zuckt trotzdem zusammen.

»Du musst stillhalten.«

Frank hält still. Es macht Spaß, zuzuschauen, wie die Insel entsteht, wie Slim die Wellen zeichnet und ganz zum Schluss die Palme. Allerdings wird die Palme ein bisschen zu groß für die Insel, das sieht ulkig aus. Aber Slim tröstet Frank: »Beim nächsten Mal machen wir sie etwas kleiner.«

Frank ist sicher, dass es kein nächstes Mal geben wird, aber das behält er lieber für sich.

Pfützen soll man benützen

Es hat geregnet, die Straßen glänzen schwarz. Frank marschiert um den Häuserblock herum, immer wieder. Was ist, wenn Gisela nicht kommt? Wenn das Briefchen nur ein Scherz war und sie ihn morgen in der Schule auslacht? Er kann sich das zwar nicht vorstellen, aber ein ungutes Gefühl hat er doch.

Es ist halb sechs. Frank steht vor dem Schultor und späht in den dunklen Schulhof hinein. Nur wenige Fenster des Schulgebäudes sind erleuchtet.

Und wenn nun einer der Jungen den Brief geschrieben hat? Zacke oder Elvis? Nein! Er kennt Giselas Handschrift, die kann keiner so gut nachmachen, und schon gar nicht Elvis mit seiner Klaue.

Mädchenstimmen! Frank geht ein paar Schritte zur Seite und lehnt sich neben dem Tor an die Wand. Die Mädchen bleiben vor dem Tor stehen und reden weiter. Gisela ist dabei, schaut auch einmal kurz zu ihm hin, wendet sich dann aber gleich wieder den Mädchen zu. Die Mädchen mit dem Turnzeug unter den Armen sind neugierig, auf wen der Junge neben dem Tor wartet, Gisela aber verrät sich nicht, tut ganz harmlos. Erst als die Mädchen nicht wanken und weichen, verabschiedet sie sich und geht davon.

Frank wartet, bis auch das letzte der Mädchen gegangen ist, dann läuft er los, überholt Gisela und bleibt vor ihr stehen.

Gisela trägt einen neuen, hellgrünen Anorak und sieht ganz anders aus als sonst.

»Ich … ich wollte dich nur fragen, ob der Zettel heute von dir kam.«

Gisela nickt.

»Und was willste von mir?«

»Mir deine Tätowierung angucken.«

»Hab ja gar keine.« Frank wird verlegen. Mit dieser Antwort hatte er nicht gerechnet.

»Glaub ich nicht.«

»Stimmt aber.«

»Darf ich nachsehen?«

»Nee.«

»Also haste doch eine.«

»Quatsch!«

»Warum lässte mich dann nicht nachsehen?«

»Was geht dich das denn an?«

»Dann geht's mich eben nichts an.« Gisela geht weiter und Frank geht neben ihr her. Er ist enttäuscht, er hatte sich ihr Treffen anders vorgestellt. »Sie geht ja ganz leicht wieder ab«, sagt er leise.

Gisela bleibt unter einer Laterne stehen. »Zeig sie mir doch.«

Frank seufzt, schiebt den Ärmel seiner Jacke hoch, knöpft sich den Hemdsärmel auf und schiebt ihn mitsamt dem Pullover ein Stück in die Höhe. Dann tritt er ins Licht und Gisela beugt sich über die Zeichnung. »Die Palme ist ja viel zu groß«, sagt sie und muss lachen.

»Ich hab ja gesagt, dass es ganz leicht wieder abgeht.« Frank kommt sich nun doch ein bisschen blöd vor.

Gisela befeuchtet einen Finger mit Spucke und wischt damit über die Palme hin. Die Tinte verwischt. »Tatsächlich!«, sagt sie.

»Jetzt sieht's aus wie auf dem Tisch in der Schule – als ob's regnet.«

Frank schiebt die hochgekrempelten Ärmel wieder nach unten. »Haste etwa gedacht, ich würd mir so was auf den Arm malen lassen, wenn's nicht wieder abginge?«

Gisela will darauf antworten, doch dann sieht sie Frank verdutzt an: »Wie siehst du denn aus?«

Seine neue Frisur! Schnell macht Frank einen Schritt aus dem Lichtkreis der Laterne. »War mal wieder beim Friseur.«

»Meinetwegen?«

»Quatsch!«

»Schade.« Gisela schlenkert den Turnbeutel in der Hand und geht wieder weiter, aber nun viel langsamer als vorhin.

Ob sie den neuen Anorak seinetwegen angezogen hat? In der Schule hat sie ihn noch nie getragen. Frank blickt zu Gisela hin. »Wie viel Zeit haste denn?«

»Eine Stunde.«

Eine Stunde! Eine ganze Stunde mit Gisela! Die hat sie doch vorher eingeplant, da muss sie doch ihren Eltern irgendwas erzählt haben ... Dann hat sie aber auch den Anorak seinetwegen angezogen, dann wollte sie nicht nur die Tätowierung sehen, dann will sie ... ja, was? Was fängt er an mit ihr? Worüber sollen sie reden, eine ganze Stunde lang?

»In der Klasse bist du nicht so still«, sagt Gisela. »Da hast du heute ganz schön angegeben. Ich red mal mit Jochen und so.«

»Ach, der!« Frank winkt ab. »Der ist ja blöd.«

Gisela antwortet nicht. Anscheinend hat sie keine Lust, sich über Jochen zu unterhalten. Und weil Frank nichts weiter einfällt, schweigen sie nun beide.

»Und wo wollen wir nun hin?«

»Gehen wir ein bisschen spazieren«, schlägt Gisela vor und geht immer weiter, über die Prenzlauer Allee in die Nordmarkstraße hinein und auf den Nordmarkplatz hinauf. Frank geht einfach neben ihr her. Aber sein Herz klopft. Dass Gisela auf den dunklen Platz mit ihm geht, hätte er nicht zu hoffen gewagt.

Der Nordmarkplatz ist nicht nur still und dunkel, wie immer um diese Zeit, er ist auch voller Pfützen. Frank und Gisela müssen ihnen immer wieder ausweichen und kommen sich dabei manchmal so nahe, dass Frank schon überlegt, ob er nicht einfach Giselas Hand nehmen soll. Es wäre schön, Hand in Hand mit ihr über den Platz zu gehen. Aber dann traut er sich das doch nicht und tut jedes Mal, wenn sie sich nahe kommen, als bemerke er das gar nicht. Doch er kann nicht verhindern, dass der Wunsch immer wieder neu in ihm aufkommt, und das verwirrt ihn so, dass er einmal voll in eine der Pfützen hineintritt, anstatt sie vorsichtig zu umkreisen. »Pfützen soll man benützen.« Gisela kichert.

»Warum?«, fragt Frank, nur um etwas zu sagen, während es in seinem Schuh schwappt und quietscht vor Nässe.

»Weil's sich reimt.« Seine Begriffsstutzigkeit scheint Gisela nun langsam doch zu ärgern.

»Ach so!«, sagt Frank – und könnte vor Wut über sich platzen. Da hat er sich immer schon gewünscht, mal mit Gisela allein zu sein, und nun ist er es, sogar mitten auf einem dunklen Platz, und da stellt er sich so an.

»Biste mir eigentlich noch böse?«

»Weswegen denn?«

»Wegen der Zeichnung.«

»Welche Zeichnung?« Gisela stellt sich dumm.

»Na, die … nackte Frau.« Frank macht einen weiten Bogen um die nächste Pfütze.

»Kannste mir mal erklären, warum du ausgerechnet meinen Namen darunter geschrieben hast?«

»Ich hab einfach nur so gemalt … und dann dachte ich an dich …«

»Was haste denn gedacht?«

»Ach, nur so … 'ne ganze Menge.«

»Ich weiß genau, warum du das Bild gezeichnet und meinen Namen darunter geschrieben hast.« Gisela geht ein Stück von Frank weg.

»Und warum?«

»Weil du mich gern hast.«

Das ist einfach. »Na klar hab ich dich gern! Ich hab dich immer schon gern gehabt.« Frank geniert sich ein bisschen, als er das sagt, aber Gisela hat damit angefangen und außerdem ist ja nichts Schlechtes dabei, wenn man jemanden gern hat.

»Nicht so ein Gernhaben, wie du meinst – ein anderes … Gernhaben.«

»Ich hab dich ja auch anders gern.«

»Haste mich darum auf dem Feld geküsst?«

»Denkste, ich küss jede Oma?«

Gisela muss lachen, richtig laut lachen muss sie nun. Und da wagt Frank die Frage: »Hast du mich denn eigentlich auch … anders … gern?«

»Klar«, sagt Gisela. »Denkste, sonst würde ich mit dir hier rumlatschen?«

»Nee.« Auch Frank muss lachen. Und dann traut er sich endlich, Giselas Hand zu nehmen. Und Gisela überlässt sie ihm, geht dicht neben ihm her und erzählt ihm von Hotte, der immer wieder Ärger bekommt, weil er manchmal nicht so will, wie seine Professoren wollen, und nun schon ein paar Mal davon gesprochen hat, in West-Berlin weiterzustudieren. Und sie vertraut ihm an, dass ihre Mutter wieder schwanger ist und sie bald noch einen Bruder oder eine Schwester bekommt und sich darauf freut.

Was Gisela ihm da berichtet, sind alles Dinge, die Frank nicht direkt betreffen; Gisela aber erzählt sie ihm so, als gehöre er mit dazu, als wäre seit jenen Tagen, da er mit ihr unter dem Tisch herumspielte und beim Abendbrot die Haferflockensuppe aufaß, die sie verschmähte, kaum Zeit vergangen. Frank gefällt diese Vertrautheit, er möchte gerne mehr wissen über Giselas Leben und so fragt er sie nach diesem und jenem und Gisela erzählt bereitwillig von allem, was in ihrer Familie so vorkommt. Darüber vergeht die Zeit, doch die beiden merken es nicht. Sie überqueren den Nordmarkplatz, gehen durch fremde Straßen, gehen und gehen und sprechen über Ernstes und Lustiges. Und manchmal schweigen sie. Wenn sie schweigen, spürt Frank ein Gefühl im Hals, ein richtiges Glücksgefühl, und da muss er aufpassen, nicht vor Glück zu lachen, damit Gisela ihn nicht missversteht. Dann jedoch schrickt Gisela auf. Die Stunde, von der sie gesprochen hatte, ist längst vorüber. Sie muss nach Hause, wenn sie keinen Ärger bekommen will. Sie schlägt den Rückweg ein und geht ein bisschen schneller, aber nicht so schnell, dass sie sich nicht mehr unterhalten können.

»Können wir uns morgen wieder treffen?« Es wäre toll, wenn er von nun an jeden Abend mit Gisela spazieren gehen könnte.

»Mal sehen«, sagt Gisela. Und als sie Franks Enttäuschung bemerkt: »Ich muss ja meiner Mutter helfen.«

»Und übermorgen?«

»Morgen oder übermorgen oder überübermorgen.« Gisela lacht. »Einmal klappt es bestimmt.«

Auf dem Nordmarkplatz bleibt Frank stehen und nimmt Giselas Hand. Dabei schaut er sie fragend an. Gisela wird ganz ernst und senkt den Blick. Franks Herz klopft. Vorsichtig nähert er seinen Mund Giselas Gesicht, lässt ihn einen Augenblick lang auf ihrem liegen und zieht dann den Kopf wieder zurück.

»Das war ganz anders als auf dem Feld«, sagt Gisela. »Aber ich hab mir schon gedacht, dass du in Wirklichkeit gar nicht so bist.«

»Wie … bin ich denn?«

»Na … zärtlich.«

»Du bist ja auch … zärtlich.«

»Ja?«, fragt Gisela erstaunt. Und dann geht sie weiter, als hätte Frank ihr eine erschütternde Neuigkeit mitgeteilt.

Erst vor der Haustür verabschiedet sich Gisela von Frank. Aber sie geht noch nicht. »Und was wird nun mit dir? Bleibste bei deinem Stiefvater?«

»Wo soll ich denn sonst hin? Etwa in ein Heim?«

»Natürlich nicht. Aber so ganz allein ... das muss doch schlimm sein.«

Darauf weiß Frank eine Antwort. Sie lautet: Solange ich dich habe, bin ich ja nicht ganz allein.

Aber das sagt er Gisela nicht.

Gisela druckst noch ein Weilchen herum und bittet schließlich: »In der Schule tun wir so, als wäre alles wie immer, ja? Die lachen sonst bloß über uns.«

Frank ist einverstanden. Er hat auch keine Lust, das Gespött und die neugierigen Blicke der anderen zu ertragen. Obwohl er Zacke gern gezeigt hätte, wer schließlich bei Gisela Sieger geblieben ist.

»Und wir reden auch nicht darüber, ja? Mit keinem.«

Auch damit ist Frank einverstanden – wie er jetzt wohl mit allem einverstanden wäre. »Tschüs.« Gisela lächelt Frank noch mal zu, dreht sich um und läuft durch den Hausflur. Frank schaut ihr nach, bis sie nicht mehr zu sehen ist, dann geht er die paar Meter zurück und betritt die *Gemütliche Ecke*.

Onkel Willi kassiert gerade. Frank fängt seinen Blick auf und weiß Bescheid: Onkel Willi denkt nach. Die Sache mit dem Heim geht ihm nicht aus dem Kopf. Deshalb das Versteckspiel: Er hat Frau Hagens Besuch bisher noch mit keinem Wort erwähnt.

Ilse Fröhlich lehnt an der Theke. In der einen Hand hält sie ein Glas Bier, in der anderen eine Zigarette. Sie starrt Franks neue Frisur an, begreift aber nichts, ihre Augen sind schon glasig.

Frau Schipprowski stellt ein Tablett mit leeren Gläsern auf die Theke, legt den Arm um Frank und schiebt ihn ins Hinterzimmer. Dort steht ein Berg Brote bereit. Frank setzt sich und nimmt sich eines der Brote.

»Ich hab mit Willi gesprochen«, sagt die Frau. »Wenn du keinen neuen Ärger machst, brauchst du dir über das Heim keine Gedanken mehr zu machen.«

»Ich mache keinen Ärger mehr«, sagt Frank und beißt in das Brot.

»Versprichst du mir das?«

»Ja.«

»Und wie steht's mit Tante Trude?«

Frank tut, als müsse er lange an dem Bissen kauen. Dann sagt er: »Meinetwegen.«

»Meinetwegen, Tante Trude.«

»Meinetwegen, Tante Trude.«

Der erste Schnee

Es ist Dezember geworden, die Tage sind nicht mehr grau und verhangen, sondern klar und kalt; so kalt, dass Frank die Wohnung im ersten Stock heizen muss, wenn er aus der Schule nach Hause kommt. Herr Modersohn steht nun immer öfter in der Tür seines Ladens und schaut in den Tag hinaus. »Es wird bald schneien«, sagt er, wenn Frank an ihm vorübergeht. Und wenn Frank ungläubig guckt, sagt er: »Der Kalender ist doch nur gedrucktes Papier; Winter ist, wenn der erste Schnee fällt.«

In der zweiten Dezemberwoche schneit es dann tatsächlich. Mitten in der Nacht beginnt es, und als Frank am Morgen aufwacht, hört er von der Straße her schon die schurrenden Geräusche der Schneeschieber. Er steht gleich auf, zieht sich was über und geht auf den Balkon.

Draußen ist alles weiß; die Straße, die kahlen Bäume in der Prenzlauer Allee, die Dächer der Häuser. Eine Zeit lang steht Frank nur da und schaut den Hauswarten zu, die dick vermummt gegen die Kälte den Schnee an den Straßenrand schieben, wo er sich bereits zu Bergen türmt, während immer weiterer Schnee fällt. Als er dann aus der Haustür tritt, ist er neugierig, ob auch Herr Modersohn die Pracht schon entdeckt hat. Und richtig, in Schlafanzug und Bademantel und mit einem Schal um den Hals steht er in seiner Ladentür und strahlt: »Na? Was hab ich dir gesagt?«

Frank muss lachen, obwohl ihn der Schnee an Weihnachten erinnert, und vor dem ersten Weihnachtsfest ohne Mutter hat er Angst. Er kann sich einfach nicht vorstellen, dass alles wie immer sein wird, dass sie in der Ofenecke der Gaststube sitzen, zum Tannenbaum neben dem Klavier hinschauen, Würstchen mit Kartoffelsalat essen und er dann schließlich seine Geschenke auspackt – mit dem einzigen Unterschied, dass da, wo sonst immer die Mutter saß, nun Frau Schipprowski sitzt. Wenn es nach ihm ginge, würden sie Weihnachten dieses Jahr einfach ausfallen lassen. Aber es geht nicht nach ihm und man kann Weihnachten wahrscheinlich auch gar nicht ausfallen lassen, weil man ja doch weiß, dass die anderen feiern.

Gisela kommt aus dem Haus. Sie hat schon auf ihn gewartet, denn sie gehen nun fast immer zusammen zur Schule. Und natürlich freut auch sie sich über den Schnee.

Frau Hagen gibt die Hefte mit den Aufsätzen zurück. Vor Franks Tisch bleibt sie stehen. »Ein schöner Aufsatz«, sagt sie. »Du hast begriffen, um was es geht. Wenn du in Physik und Chemie, vor allen Dingen aber in Russisch nur halb so gut wärst, hätten wir es einfacher.« Dann geht sie weiter, blickt sich aber noch einmal nachdenklich um. »Ich glaube, du hast dich gefangen. Ich freue mich darüber, obwohl ich mich, ehrlich gesagt, wundere. Wer hat dir dabei geholfen? Oder ist es wirklich nur aus dir gekommen?«

Frau Hagen erwartet keine Antwort und Frank würde ihr darauf auch keine geben. Gisela hat ihm geholfen. Sie weiß es nicht, aber es ist so. Seit sie sich abends treffen und er sich vorgenommen hat, keinen Ärger mehr zu machen, geht es leichter. Er übersieht, was ihm nicht gefällt, grüßt freundlich, wenn er die Gaststube betritt, sagt Auf Wiedersehen, wenn er sie verlässt. Er hilft der Schipprowski und geht Onkel Willi möglichst aus dem Weg. Eine Hand wäscht die andere. Er spielt mit; er will nicht ins Heim – und nicht weg von Gisela.

Eine Eins. Frank klappt das Heft zu und freut sich. Er bekommt für seine Aufsätze meistens gute Noten, dieser aber war besonders schwierig: ein Vergleich zweier Gedichte und ihrer Autoren.

Gisela hat eine Zwei geschrieben. Sie ist auch zufrieden und lächelt Frank zu. Sie lächeln sich jetzt oft so zu, ohne dass es jemand merkt.

»Ich finde, wir sollten am Dienstag vor den Weihnachtsferien ein Klassenfest veranstalten.« Frau Hagen hat alle Aufsätze verteilt und blickt sich unternehmungslustig um. »Ein richtiges schönes Weihnachtsfest mit Julklapp und bunten Tellern und allem Drumherum.«

Die Mädchen sind begeistert und reden durcheinander, die Jungen freuen sich auch, zeigen es aber nicht so. Nur Elvis gähnt und singt: »Guten Abend, schön' Abend, es weihnachtet schon …«

»Ein guter Vorschlag«, greift Frau Hagen Elvis' Gesang auf. »Einige Weihnachtslieder sollten wir auch einstudieren.«

»Ha, ha!« Elvis kitzelt sich unter dem Arm, dann aber vergeht ihm das Lachen: Frau Hagen sagt, er solle sein Lied mal vorsingen, sie kenne es noch nicht.

»Bin ich bei der Oper?« Elvis lehnt den Vorschlag ab.

Einige Mädchen kennen das Lied. Sie singen es Frau Hagen vor. Gisela singt mit. Sie singt leise, sie glaubt, sie hat keine gute Stimme, aber Frank gefällt Giselas Gesang. Er muss sich weit über den Tisch beugen, damit niemand sein Gesicht sehen kann.

In der großen Pause gibt es auf dem Hof eine Schneeballschlacht. Die Lehrer versuchen, sie zu verhindern, aber es gelingt ihnen nicht, zu unbändig ist die Freude der Jungen und Mädchen über den Schnee. Frank geht zwischen Uwi und Elvis; die

Hände in den Taschen, schauen sie dem lauten Treiben zu, fühlen sich irgendwie zu alt, um da noch mitzumachen. Dafür schimpft Elvis über das Klassenfest und das Geld, das jeder vorher mitbringen soll. »Drei Mark – für so 'ne Kacke! Ich brauch mein Geld für meine nächste Nietenhose.«

Gisela kommt vorübergelaufen, Zacke verfolgt sie.

»Der Zacke, der Zacke!«, staunt Uwi. »Der schafft's noch und schnappt dir die Gisela weg.«

»Wieso wegschnappen?« Frank pustet sich in die kalten Hände, als ginge ihn, was Zacke und Gisela da anstellen, überhaupt nichts an. In Wirklichkeit ist ihm innerlich plötzlich ganz heiß geworden vor Schreck und Angst und Wut.

»Tu doch nicht so!« Elvis grinst Uwi zu.

Zacke hat Gisela eingeholt, nimmt ihren Kopf in den Schwitzkasten, greift mit der freien Hand in den Schnee und reibt ihr das Gesicht ein. Und Gisela schreit und juchzt, als gäbe es nichts Schöneres, als von Zacke eingeseift zu werden.

»Das lässt du dir gefallen?«, fragt Elvis. Und auch Uwi schüttelt den Kopf, als ob Zacke sich da eine unerhörte Frechheit herausgenommen hätte.

»Ihr spinnt ja«, sagt Frank. Aber er muss sich zusammennehmen, um sich nicht auf Zacke zu stürzen. Dabei ist es gar nicht Zacke, der ihn ärgert, es ist Gisela. Wenn sie nicht mitmachen würde, könnte Zacke sie nicht einseifen.

Elvis verliert die Geduld. Er springt vor, zieht Zacke von Gisela weg und rollt mit ihm im Schnee herum. Und dabei seift er ihn ein, und zwar nach allen Regeln der Kunst. Gisela wischt sich den Schnee aus dem Gesicht und lacht Frank zu. Doch Frank verzieht keine Miene. Er geht an Gisela vorüber, als hätte er sie noch nie zuvor gesehen.

»Bist du etwa eifersüchtig?« Gisela hat vor der Schule auf Frank gewartet und geht neben ihm durch die wirbelnden und tanzenden Schneeflocken.

Er ist eifersüchtig. Er hat ja nur Gisela! Wenn Gisela mit Zacke geht, ist er wieder allein. – Zacke ist nicht allein, Zacke hat Vater, Mutter, Schwester, sogar Großeltern …

»Biste stumm?« Gisela wird ärgerlich. »Ich kann doch nicht immer neben dir hergehen und Händchen halten … Damit alle wissen …«

»Sie wissen's sowieso schon! Und Zacke weiß es auch, will's nur nicht wissen.«

»Also biste doch eifersüchtig!«, triumphiert Gisela.

»Na und? Ist doch klar: Wenn man jemanden …«

»Was? Wenn man jemanden – was?«

»Du weißt schon.« Frank fängt mit dem Mund eine Schneeflocke und lässt sie auf der Zunge zergehen. »Treffen wir uns heute?«, fragt er dann.

Gisela tut, als müsse sie erst noch überlegen, ob sie sich überhaupt jemals wieder mit ihm treffen will, dann sagt sie: »Um fünf aufm Nordmarkplatz« und verschwindet, ohne sich von ihm zu verabschieden, in der Haustür.

Frank geht weiter und ist schon am Schaufenster der Schneiderei Modersohn vorüber, als Herr Modersohn aus der Tür hinter ihm herruft, er solle doch mal kurz zu ihm hereinkommen. Frank folgt der Aufforderung, schwingt sich auf den Bügeltisch und sieht den Schneidermeister erwartungsvoll an. Herr Modersohn setzt sich wieder hinter seine Nähmaschine, arbeitet aber nicht weiter. »Ich will dich vorwarnen«, sagt er. »Bei euch hat's Krach gegeben.«

Krach? Zwischen Onkel Willi und der Schipprowski?

»Sie hat ihm die Pistole auf die Brust gesetzt: Entweder er heiratet sie – oder sie geht. Da hat er sie entlassen.«

Die Schipprowski entlassen? Frank schaut den Schneidermeister ungläubig an. Kann man denn jemanden, mit dem man verlobt ist, so einfach entlassen?

»Ich sage dir das, damit du nicht allzu sehr überrascht bist«, erklärt der kleine Schneidermeister. »Unangenehme Neuigkeiten erträgt man leichter, wenn man vorher Bescheid weiß ... Und wie ich gehört habe, hat der gute Willi seine Fühler ja schon wieder nach einer neuen Aushilfe ausgestreckt ...«

Die Schipprowski geht weg und eine Neue kommt? Das ist wirklich eine schlechte Nachricht. An die Schipprowski hatte er sich schon fast gewöhnt ...

»Ich würde dir raten, ganz ruhig zu bleiben, abzuwarten. Nichts wird so heiß gegessen, wie es gekocht wird.«

Herr Modersohn ist unsicher, weiß nicht, was er ihm sonst noch sagen soll. Frank springt vom Tisch, läuft aus der Schneiderwerkstatt heraus und in die *Gemütliche Ecke* hinein.

Onkel Willi geht mit dem Tablett von Tisch zu Tisch und serviert. Sein Gesicht ist gerötet. Er hat getrunken und sieht Frank aus ausdruckslosen Augen an. Frank verharrt nur kurz, dann läuft er an ihm vorbei ins Hinterzimmer hinein. Ein halb gefüllter offener Koffer liegt auf dem Tisch: Frau Schipprowski packt.

»Ach, du bist es!«, sagt die Frau. »Na, da können wir uns ja wenigstens noch voneinander verabschieden.«

»Was ist denn passiert?«

»Was passiert ist?« Frau Schipprowski fährt sich mit dem Arm über die Stirn. »Belogen hat er mich, dein Herr Vater! Belogen und betrogen! Von Heirat hat er gesprochen und vom gemeinsamen Lebensabend. Und was will er wirklich? Seine Bequemlichkeit, aber keine feste Bindung. Ich könnte ja eines Tages Ansprüche stellen ...«

Es ist also alles so gekommen, wie er es sich gedacht hatte. Frank hätte Genugtuung verspüren können, doch er ist nur bestürzt. »Vielleicht überlegt er's sich noch mal.«

»Dazu ist's zu spät. Ich kenne ihn jetzt. Ich würde auf keinen Fall mehr bei ihm bleiben.« Frau Schipprowski nimmt weitere Wäsche aus dem Schrank und legt sie in den Koffer. Dann schlägt sie den Kofferdeckel zu. »Was war ich dumm! Was war ich dumm! Aber so ist das eben, wenn man ganz allein ist. Man wirft sich jemandem an den Hals und wird enttäuscht.«

Allein! Die Schipprowski ist allein. Warum hat er das nicht früher bemerkt? »Aber Onkel Willi braucht doch jemanden. Er kann doch nicht alles alleine machen.«

»Der hat bald eine andere. Auf die Kneipe sind sie doch alle scharf.« Frau Schipprowski schaut von Frank weg. Sie hat sich verraten. »Nun geh schon in die Küche«, sagt sie ungeduldig. »Heute habe ich noch mal gekocht.«

In der Küche liegt ein Tannenbaum. Der Duft des Tannengrüns vermischt sich mit dem Geruch der Gemüsesuppe. Frank nimmt einen Teller aus dem Küchenschrank und füllt sich etwas von der Suppe ab. Dann isst er.

Warum hat Onkel Willi die Schipprowski nicht geheiratet? War sie ihm vielleicht zu alt? Aber er ist doch noch zehn Jahre älter als sie …

Die Tür zum Hinterausgang wird geöffnet und zugeschlagen: Frau Schipprowski ist gegangen. Einfach so. Ohne Auf Wiedersehen zu sagen. In ihren Augen gehört er zu Onkel Willi.

»Ist sie weg?« Onkel Willi hat nur darauf gewartet, dass Frau Schipprowski geht. Nun steht er in der Küche und sieht Frank zufrieden an.

»Ja.«

»Wurde aber auch Zeit. Die hat sich eingebildet, sie müsse bei uns für geordnete Verhältnisse sorgen. Ausgerechnet so eine.«

Frank isst schweigend. Er hat damit nichts zu tun, er steht nicht auf Onkel Willis Seite.

Onkel Willi weist auf den Tannenbaum. »Schmückst du den?«

Frank hat in den letzten Jahren immer den Tannenbaum geschmückt, er wird es auch dieses Jahr tun. Er nickt stumm.

»Dann stelle ich ihn schon mal auf.« Onkel Willi nimmt den Baum und geht mit ihm durch den Flur in die Gaststätte zurück.

Frank legt seinen Löffel weg und gießt den Rest Suppe in den Topf zurück. Er kann nichts mehr essen, das mit der Schipprowski hat ihm den Appetit verschlagen.

Willi hat den Tannenbaum in der Ecke neben dem Klavier aufgestellt, wie jedes Jahr. Frank geht in den Keller, holt all die Kugeln und elektrischen Kerzen, den Putz und Flitterkram, der ein Jahr lang unbeachtet neben der Kartoffelkiste lag, und beginnt den Tannenbaum zu schmücken, während Onkel Willi und Herr Braun an der Theke stehen und Schnaps trinken und Herr Braun mit erhobenem Zeigefinger auf Onkel Willi einredet. Doch Onkel Willi hört gar nicht wirklich zu, ist mit seinen Gedanken ganz woanders – bis Herr Bessel kommt, ihn beiseite zieht und sich leise mit ihm bespricht. Da nickt er ein paar Mal, nimmt den Zettel, den Herr Bessel ihm reicht, geht ans Telefon und wählt eine Nummer. Als sich am anderen Ende der Leitung jemand meldet, sagt er etwas und steht dabei so gerade, als telefoniere er mit einer wichtigen Persönlichkeit. Doch er spricht nicht laut genug, Frank kann nicht verstehen, mit wem er telefoniert und worum es geht. Erst als Onkel Willi den Hörer auflegt, hört er: »Sie kommt.«

»Na bitte!« Herr Bessel stößt mit Onkel Willi und Herrn Braun an. Frank ordnet die elektrischen Kerzen und befestigt sie an den Zweigen rund um den Baum. Was wird das für eine sein, wenn Herr Bessel sie besorgt hat?

»Wollte sich ins warme Nest setzen, die Kuh!«, zieht Onkel Willi über Frau Schipprowski her. »Die Kneipe unter den Nagel reißen wollte sie sich, weiter nichts.«

Frank geht um den Tannenbaum herum und hängt die roten, grünen, blauen und silbernen Kugeln auf. Onkel Willi hat nun schon sehr viel getrunken; es ist ihm egal, ob die Gäste hören können, was er sagt. »Geordnete Verhältnisse wollte sie schaffen.

Vor allem wegen Frank, hat sie gesagt! Als ob Frank und ich nicht allein klarkämen.« Onkel Willi schaut zu Frank hin. »Du kannst doch auch mir sagen, dass du nicht ins Heim willst, oder?«

Frank antwortet nicht, nimmt nur seine Jacke und sagt: »Gib mir Geld. Wir brauchen Lametta.«

»Kannst du mir das auch sagen oder nicht?«, schreit Onkel Willi.

»Jaaa!«, schreit Frank zurück und kann nicht verhindern, dass ihm dabei das Wasser in die Augen schießt. Was Onkel Willi der Schipprowski da vorwirft, ist haargenau das, was er selber getan hat, damals vor sechs Jahren. Vielleicht hat er die Frau deshalb so gut durchschaut, vielleicht wollte er nicht auf die gleiche Weise hereingelegt werden.

»Wenn hier einer schreit, bin ich es«, sagt Onkel Willi leise, aber mit einer deutlichen Drohung im Unterton. »Hast du mich verstanden?«

»Ja«, flüstert Frank und beißt sich auf die Lippen. Onkel Willi hat ihn nun in der Hand, hinter jedem Satz, den er sagt, steckt ein unausgesprochener zweiter – und der lautet: »Oder willst du etwa ins Heim?«

»Na also!« Onkel Willi gibt Frank das Geld für das Lametta und Frank verlässt die Gaststube. Er geht ein Stück an der *Gemütlichen Ecke* entlang und betritt, als er sicher ist, dass ihn von dort niemand mehr sehen kann, einen Hausflur, setzt sich auf die untersten Treppenstufen und heult sich aus. Aber es ist ein seltsames Heulen, er wickelt es ab wie etwas, das man nicht umgehen kann, weil es nun einmal da ist; er ist nicht mal richtig traurig.

In der kleinen Drogerie ist es voll, es scheinen bereits viele Leute ihre Tannenbäume zu schmücken und fast alle benötigen sie neues Lametta.

»Schönen guten Tag, der Herr!« Kalle steht hinter Frank und freut sich über ihr Zusammentreffen. Frank, der gerade dran ist, bezahlt, nimmt die Tütchen mit dem Lametta und wartet vor der Tür auf Kalle. Und als Kalle kommt, geht er ein Stück neben ihm her.

»Jetzt spielen sie *Tarzan und das blaue Tal* im *Alhambra*«, sagt Kalle. »Wenn wir Geld hätten …«

»Wir haben Geld. Morgen sehen wir uns den Film an«, verspricht Frank.

»Deshalb hab ich's aber nicht gesagt.« Kalle ziert sich wieder mal ein wenig, aber dann kann er nicht anders als sich freuen. »Endlich mal wieder ein Tarzan-Film.«

Frank freut sich nicht. Er hat anderes im Kopf und wäre mit Kalle auch in einen Operetten-Film gegangen, wenn er ihm damit einen Gefallen getan hätte.

Vor der *Gemütlichen Ecke* trennen sich die beiden Jungen. »Bis morgen«, sagt Frank und betritt die Gaststätte. Doch Onkel Willi kommt ihm schon an der Tür entgegen, nimmt ihm das Lametta ab und sagt: »Geh mal ein bisschen spazieren. Ich kann dich jetzt nicht brauchen.«

Frank schiebt die Hände in die Taschen und geht. Bevor er aber ganz aus der Tür ist, dreht er sich noch einmal um. Am Stammtisch sitzt eine junge Frau. Sie spricht mit Herrn Bessel und raucht. Ihre Fingernägel sind rot lackiert.

Das ist sie, die Neue. Davon ist er überzeugt. Und sie ist ihm unsympathisch. Auch das sieht er gleich.

Es flimmert

Der Schnee fällt nicht mehr so dicht, auf den Fahrbahnen ist er bereits zu Matsch geworden. Frank geht um den Häuserblock und schaut in die Schaufenster. Es ist noch lange nicht fünf Uhr.

Die Puppe im Schaufenster der Bäckerei Wetzel trägt wieder den roten Mantel und den weißen Bart, wie jedes Jahr in der Vorweihnachtszeit. Sie dreht an der Kurbel, die den magischen Kreis in Bewegung hält, und nickt Frank rhythmisch zu. Frank schaut sie lange an: Wie hatte er sie früher lustig finden können? Es hat doch etwas Grausames an sich, dieses tote, fortwährende Lächeln und Nicken.

Frank geht weiter, aber das starre Lächeln der Puppe verfolgt ihn. Er versucht sich abzulenken, denkt an das letzte Weihnachtsfest mit der Mutter. Sie hatte ihm am Heiligen Abend von den Weihnachtsfesten ihrer Kindheit erzählt, von denen während des 1. Weltkrieges, in denen sie hungerten und nicht einmal einen Tannenbaum hatten, und von denen danach, als sie sich auch nichts kaufen konnten, weil der Vater im Krieg gefallen war und ihre Mutter sehen musste, wie sie sich und die Kinder durchbekam …

Es war ein schönes Weihnachtsfest, dieses letzte vor ihrem Tod. Er liebt ja solche Erzählungen, obwohl er viel darüber nachdenken musste. Wenn sein Großvater im 1. Weltkrieg und sein Vater im 2. Weltkrieg gefallen waren, hieß das vielleicht, dass er dann in einem 3. Weltkrieg fallen würde? Aber diese Gedanken hielten nicht lange an, da waren ja die Bücher, die die Mutter ihm geschenkt hatte, die Bücher lenkten ihn schnell ab.

Auf dem Nordmarkplatz ist es kalt, ein eiskalter Wind pfeift durch die Sträucher. Frank dreht eine Runde um den Park und dann noch eine. Es ist ja noch längst nicht fünf Uhr.

Heute Morgen noch hatte er sich nicht vorstellen können, dass Frau Schipprowski am Heiligen Abend Mutters Platz einnehmen könnte, doch wie wird es nun sein? Wird diese Neue mit den rot lackierten Fingernägeln mit ihnen Weihnachten feiern? Oder Onkel Willi und er allein? – Es wäre wirklich das Beste, sie würden es überhaupt nicht feiern, keine Weihnachtsmusik hören, keine Geschenke verteilen, sich gleich ins Bett legen, einschlafen und nicht daran denken.

Endlich ist es fünf Uhr. Frank steht an dem vereinbarten Platz neben der Bank und schaut zur Prenzlauer Allee hinüber. Er hat nun eiskalte Füße und ist auch sonst ganz durchgefroren. Seit er das Lametta abgab, war er noch nicht wieder zu Hause, aber nun hält er es nicht mehr lange aus in dieser feuchten Kälte.

Eine schmale Gestalt, die eine Tasche schleppt, nähert sich dem Treffpunkt. Es ist Gisela.

»Was willste denn damit?« Frank weist auf die Tasche. »Sollste das irgendwo abliefern?«

»Da sind Bücher drin. Hotte hat sie aussortiert. Er braucht sie nicht mehr. Sie sind für dich.«

»Für mich?«, staunt Frank. »Warum hat er sie dir denn nicht geschenkt?«

»Ich kenn sie ja alle schon.«

»Und was machen wir jetzt damit? Wir können die Tasche doch nicht die ganze Zeit mit uns herumschleppen.«

Gisela ist enttäuscht. Sie dachte, Frank würde sich freuen.

»Bring die Bücher doch nach Hause«, schlägt sie vor. »Ich warte hier auf dich.«

Frank kommt eine Idee, eine, die ihn auf einen Schlag alle Sorgen vergessen lässt.

»Du kannst ja mitkommen«, sagt er. »Ich bringe sie sowieso in den ersten Stock hoch. Da ist niemand.«

Gisela zögert.

»Oder haste Angst?«

»Wovor denn?«

»Na also!« Frank nimmt Gisela die Tasche ab und geht voran. Gisela folgt ihm, aber im Hausflur zögert sie wieder: »Ich weiß nicht …?«

»Jetzt komm schon!«

Auf der Treppe bleibt Gisela ein paar Stufen hinter Frank zurück, und als er die Tür aufgeschlossen hat und die Wohnung betritt, bleibt sie im Treppenhaus stehen und sagt: »Beeil dich. Ich warte hier.«

»Komm doch mit«, bittet Frank. »Ich will dir mal zeigen, wie ich wohne.«

Vorsichtig betritt Gisela den Flur und schaut sich um. Sie war früher öfter in dieser Wohnung; als Frank und sie noch nicht zur Schule gingen, haben sie manchmal hier gespielt. »Und du wohnst jetzt ganz allein hier oben?«

Frank legt die Tasche auf sein Bett, setzt sich daneben und beginnt, die Bücher durchzusehen. Einige davon kennt er schon, doch das sagt er nicht. Er sagt: »Tolle Bücher!«, und dann zu Gisela, die vor ihm steht: »Setz dich doch«; er sagt es wie nebenbei, aber er zittert vor Aufregung.

Gisela setzt sich zu Frank, nimmt ein Buch und will Frank etwas darüber erzählen. Da hält Frank es nicht mehr aus, er legt das Buch weg und wirft sich auf Gisela, um sie zu küssen.

Gisela stößt ihn weg. »Was fällt dir denn ein? Spinnst du?«

Frank bleibt zwischen den Büchern liegen.

Gisela steht auf. »Was ist denn plötzlich los mit dir? Warum haste mich denn so erschreckt?«

»Ich liebe dich«, stammelt Frank. Er kommt sich blöd vor, aber ihm fallen keine anderen Worte ein.

Gisela schweigt. Müsste sie denn nun nicht sagen, dass sie ihn auch liebt? Oder zumindest, dass sie ihn gern hat? Frank wagt nicht aufzublicken, aber er muss es nun auch nicht mehr, denn Gisela legt sich zu ihm, schaut ihn an und streichelt seinen Arm.

Frank spürt, wie ihm noch heißer wird, er dreht sein Gesicht zu Gisela herum und beginnt nun auch, sie zu streicheln. Erst ihr Gesicht, dann ihren Hals, dann ihre Brüste. Gisela hält ganz still, guckt ihn aber nach wie vor an. Da legt Frank seinen Mund auf ihren Mund und bittet: »Mach ihn auf.«

Gisela öffnet den Mund, ganz wenig zwar nur, aber sie lässt es zu, dass er seine Zunge in ihren Mund schiebt.

Frank ist ganz vorsichtig, er will Gisela nicht erschrecken, will ihr nur zeigen, wie lieb er sie hat. Denn das könnte er nicht mit jedem Mädchen tun, ohne sich zu ekeln. Gisela merkt das und muss einmal sogar lächeln; Frank spürt es, weil sie dabei ihren Mund verzieht.

Als sie dann beide zur gleichen Zeit ihre Münder voneinander wegziehen, sehen sie sich nicht an, sitzen nur beieinander, halten sich an den Händen und sagen kein Wort. In Frank ist ein Gefühl, wie er es bisher noch nicht gekannt hat, ein Flimmern, das durch den ganzen Körper geht. Nun ist er ganz sicher, dass Gisela ihn mag.

»Heute hab ich nicht so viel Zeit«, sagt Gisela dann leise. »Ich muss meinem Vater noch beim Wareeinsortieren helfen.«

Frank weiß nicht, ob sie das nur sagt, weil sie Angst hat, noch länger hier oben zu bleiben, oder ob sie wirklich nach Hause muss – es ist auch nicht wirklich wichtig, jetzt, da Gisela ganz fest zu ihm gehört. »Ich bring dich noch«, sagt er nur und dann begleitet er sie bis kurz vor die Tür des kleinen Lebensmittelladens und schaut zu, wie sie den Laden betritt und mit ihrem Vater redet, der gerade dabei ist, ein Regal neu aufzufüllen. Erst als Gisela hinter dem Vorhang, der den Laden von den Wohnräumen trennt, verschwunden ist, geht er zur *Gemütlichen Ecke* zurück und betritt die Gaststube, um das Lametta an den Tannenbaum zu hängen.

»Ah! Da ist er ja.« Onkel Willi strahlt Frank an, als wäre sein lang vermisst geglaubter Lieblingssohn endlich zurückgekehrt. Und er sagt das nicht zu irgendwem, sondern zu der Frau mit den rot lackierten Fingernägeln, die neben der Theke steht und bereits auf die Biere wartet, die Onkel Willi gerade zapft, und Frank ebenfalls aufmerksam entgegenblickt.

Frank geht hinter die Theke und schenkt sich ein Malzbier ein. Er tut das aus Verlegenheit, aber Durst hat er auch.

»Der Junior bedient sich selber?« Die neue Aushilfe streckt Frank die Hand hin. »Ich heiße Frieda – Frieda Klose. Ich hoffe, wir werden gute Freunde.«

Frank nimmt die Hand, wendet sich aber gleich wieder ab. Diese Frieda Klose ist gar nicht so jung, wie sie von weitem aussah, sie macht sich nur jung. Sie ist sicher schon weit über vierzig.

Aber sie sieht gut aus und sie weiß das; ihr Blick hat etwas Herausforderndes an sich.

Die Biere sind fertig und die neue Aushilfe trägt sie an die Tische, als hätte sie nie etwas anderes getan. Ilse Fröhlich bemerkt Onkel Willis wohlgefälligen Blick und kann sich eine spöttische Bemerkung nicht verkneifen. »Junges Blut tut alten Knackern gut«, ruft sie und erntet von überallher beifälliges Gelächter. Frank ist gespannt, wie diese Frieda Klose reagieren wird, aber die Frau wirft nur ihr dunkles, leicht gewelltes Haar nach hinten und lacht herzhaft mit.

Frank trinkt sein Malzbier aus, nimmt das Lametta und beginnt es rings am Tannenbaum zu verteilen.

»Ah! Unser Weihnachtsmann!« Frieda Klose stellt sich neben Frank und guckt neugierig – und da weiß Frank, dass Onkel Willi ihr von ihm erzählt hat. Er legt den Rest Lametta aufs Klavier und geht an der Frau vorbei in die Küche. Dort steht er einen Augenblick hilflos herum, dann verlässt er die *Gemütliche Ecke* aus dem Hinterausgang und steht wieder auf der Straße.

Frau Wetzel stellt gerade den Apparat mit der Puppe ab, mitten in der Bewegung bleibt sie stehen. Frank geht ein Stück die Straße entlang, schaut in andere Schaufenster.

Diese Frieda Klose ist stark, viel stärker als er. Das spürt er. Die wird keine Tauschgeschäfte mit ihm machen, die serviert ihn ab, wenn er sich mit ihr anlegt – und er wird sich mit ihr anlegen müssen, wenn er nicht untergehen will.

Es wird sich also wieder alles ändern. Doch diesmal kommt es schlimmer, diesmal hat er keine Chance.

Frank geht die Straße hoch, macht kehrt und geht auf dem gegenüberliegenden Bürgersteig zurück. Giselas Mutter lässt die Jalousie herunter. Frank geht an dem Schaufenster des Lebensmittelladens vorüber und betritt den Hauseingang. Ohne das Licht anzuschalten, geht er durch den Hausflur auf den dunklen Hof.

Im Wohnzimmer der Wilkes brennt Licht. Die Vorhänge sind

nicht zugezogen, er kann sehen, was hinter den Gardinen vor sich geht. Herr Wilke sitzt in einem Sessel und hält die Zeitung auf den Knien. Ab und zu lässt er sie sinken und sagt etwas zu Hotte, der am Radio dreht. Gisela sitzt am Tisch und klebt die abgeschnittenen Lebensmittelmarken auf Papierbögen, eine Arbeit, bei der er ihr früher manchmal half.

Frank rührt sich nicht von der Stelle. Er wünscht sich, dass Gisela weiß, dass er hier steht, ganz fest wünscht er sich das.

Giselas Mutter betritt das Wohnzimmer und beugt sich zu Gisela hinunter. Gisela steht auf und verlässt den Raum und Frau Wilke tritt an das Fenster, späht kurz in die Dunkelheit hinaus und schließt die Vorhänge.

In der Küche der Wilkes geht das Licht an. Gisela kommt und füllt einen Teekessel mit Wasser.

Frank geht etwas näher an das Küchenfenster heran und klopft vorsichtig an die Fensterscheibe. Gisela erschrickt, sie erkennt ihn nicht gleich. Erst als er sein Gesicht an die Fensterscheibe lehnt, öffnet sie das Fenster.

»Was machst du denn hier?«

»Ich guck zu.« Frank grinst. Aber dann wird er ernst und sagt: »Willi hat 'ne Neue.« Er sagt Willi, nicht Onkel Willi.

Gisela schweigt. Dann fragt sie: »Und die andere?«

»Die hat er rausgeschmissen.«

»Dieser Schuft!«

Frank lächelt. Dass Gisela so denkt wie er, macht es ihm leichter.

»Und du? Was machst du nun?«

Wieder grinst Frank. »Ich denk an dich.«

»Blödmann«, sagt Gisela und lacht. Aber sie weiß, dass er die Wahrheit gesagt hat.

Frank legt die Decke über die Kasse, tastet nach der Auslösetaste und drückt – nichts! Die Kasse öffnet sich nicht. Er drückt noch einmal, fester, doch die Kassenlade springt nicht heraus. Onkel Willi hat die Kasse abgeschlossen. Zum ersten Mal. Oder war es gar nicht Onkel Willi, sondern diese Frieda Klose?

Er lässt den Schein der Taschenlampe durchs Lokal wandern. Ihr Mantel! Er hängt noch an der Garderobe. Sie ist nicht nach Hause gegangen, ist hier geblieben – gleich die erste Nacht!

Leise geht Frank mit seiner Decke durch die Gaststätte und den Flur. Vor der Tür, die vom Flur aus zum Hinterzimmer führt, bleibt er stehen. Onkel Willi schnarcht, sonst ist nichts zu hören. Aber sie ist hier, sie wird nicht ohne Mantel nach Hause gegangen sein. Vorsichtig geht Frank weiter, öffnet leise die Tür zum Hausflur und schließt sie ebenso leise. Heute wird er nicht frühstücken; er hat keine Lust, diese Frau in der Küche herumhantieren zu sehen. Er bringt die Decke und die Taschenlampe in den ersten Stock zurück und schnappt sich seine Mappe. Dann tritt er auf die Straße, um vor Wilkes Lebensmittelladen auf Gisela zu warten. Doch er muss lange warten, er ist ja nun viel zu früh dran. Und so steht er im dichten Schneetreiben, schaut den dicken weißen Flocken nach, die durch die Luft taumeln und wirbeln, und denkt an diese Frieda Klose mit dem spöttischen Blick. Er hatte es ja gestern schon vermutet, aber nun ist er ganz sicher: Diese Frau weiß genau, was sie will; die versucht gar nicht erst, sich mit ihm anzufreunden; die geht einfach los auf ihr Ziel.

Gisela kommt und ist überrascht. Es passiert nicht oft, dass Frank vor ihr da ist. »Sie ist bei ihm geblieben«, sagt Frank, ohne Gisela erst zu begrüßen. »Gleich die erste Nacht.«

Gisela weiß nicht, was sie dazu sagen soll, stumm geht sie neben ihm her, bis sie ihn nach den Schularbeiten fragt. Doch Frank hat die Schularbeiten gar nicht gemacht. Und hätte er sie gemacht, hätte er keine Lust, jetzt darüber zu sprechen.

Gleich in der ersten Stunde hat die Klasse Deutsch. Frau Hagen hat einen alten Zylinderhut voller zusammengerollter Zettelchen mitgebracht. »Auf jedem Zettel steht ein Name«, erklärt sie. »Jeder von euch zieht so ein Los und der, dessen Name auf dem Zettel steht, wird dann von dem, der den Zettel gezogen hat, beschenkt. Das nennt man Julklapp, ein alter Weihnachtsbrauch.«

Es wird getuschelt, geflüstert und gekichert, und Mäxchen Bessel ist dann der Erste, der ziehen darf. Er zieht einen Zettel und guckt Julia an. Julia ist entsetzt. »Ausgerechnet der!«, zischt sie.

»Ihr dürft euch nicht anmerken lassen, wen ihr gezogen habt, sonst macht's ja keinen Spaß.« Frau Hagen nimmt Mäxchen den Zettel wieder ab, rollt ihn zusammen und wirft ihn in den Zylinder. Mäxchen zieht ein zweites Mal, liest und blickt stur zur Tafel.

Frau Hagen geht von einem zum anderen, alle sind neugierig, wen sie wohl ziehen werden, und wissen sie es, machen sie bedeutungsvolle Gesichter. Nur Elvis nimmt seinen Zettel und steckt ihn ungeöffnet hinters Ohr.

Frank wünscht sich, dass er Gisela zieht. Aber als er den Zettel auseinander gefaltet hat, steht *Veronika Hagen* drauf. Ausgerechnet Frau Hagen!

Den letzten Zettel behält Frau Hagen. »Ich mach natürlich auch mit«, sagt sie. »Aber ich bitte mir aus, dass derjenige, der mich gezogen hat, nicht sein Sparschwein schlachtet. Wir setzen als Höchstbetrag drei Mark an. Wenn einer einem etwas kaufen will, das fünfzig Pfennige mehr oder weniger kostet, ist das kein Verbrechen, aber so ungefähr an diesen Drei-Mark-Betrag sollten wir uns halten.«

In der Klasse wird wieder getuschelt und gekichert und sich umgeblickt. Nun möchte jeder gerne wissen, wer Frau Hagen gezogen hat. Aber Frank macht ein so gleichgültiges Gesicht, dass auf ihn der geringste Verdacht fällt. Unter dieser Maske aber arbeitet es: Was soll er Frau Hagen bloß schenken? Und wovon? Er hat ja gar kein Geld mehr.

Dieser Gedanke begleitet Frank durch alle Unterrichtsstunden. Auch auf dem Heimweg wird er ihn nicht los. Wo soll er Geld herbekommen? Dass er am Nachmittag nicht mit Kalle ins Kino gehen kann, ist nicht so schlimm, aber die drei Mark für die Weihnachtsfeier? Und die drei Mark für das Julklapp-Geschenk! Zwar hat Frau Hagen noch gesagt, sie sollten nicht unbedingt daran denken, dem, den sie gezogen haben, etwas zu kaufen, was selbst Gebasteltes wäre viel schöner und besäße viel mehr Wert. Aber was sollte er ihr schon basteln? Er ist nun mal kein solcher Fummlerkönig wie Zacke.

Ob er mal mit Onkel Willi redet? Ob er sein Taschengeldangebot doch noch annimmt?

Unter diesen Gedanken betritt Frank die *Gemütliche Ecke* durch den Hintereingang und geht in die Küche.

In der Pfanne liegen drei Koteletts. Es sind drei riesige Dinger und sie brutzeln und duften verlockend. Schnell geht Frank an den Küchenschrank, nimmt sich ein Stück Brot und das Glas mit dem Senf heraus und schnappt sich ein Messer. Damit läuft er in den ersten Stock hoch, setzt sich dort in der Küche an den Tisch, schmiert sich Senf aufs Brot und beißt ein Stück davon ab.

Soll die Klose kochen, für wen sie will, er wird von ihr nichts annehmen; er fällt nicht jedes Mal auf denselben Trick herein.

An der Tür wird geschlossen. Frank legt sein Brot weg und richtet sich auf. Frieda Klose! Sie hat also mitbekommen, dass er schon zurück ist.

Die Frau kommt in die Küche und macht ihr spöttisches Gesicht. »Also hier oben verkriechst du dich! Ist das nicht ein bisschen viel, eine ganze Wohnung für einen allein? Und noch dazu für einen dreizehnjährigen Jungen?« Frank sitzt ganz starr.

Sie soll fortgehen, er kann sie nicht ertragen.

»Und du isst lieber Brot mit Senf als Kotelett mit Rosenkohl?«

»Ja.«

Frieda Klose öffnet die Speisekammer, die im Lauf der Jahre, in denen sie niemand benötigte, zur Rumpelkammer wurde, und blickt sich darin um. Als sie zu Frank zurückkommt, sagt sie: »Ich habe gestern Abend eine ganze Menge über dich zu hören bekommen, deshalb möchte ich dir gleich sagen: Mit mir machst du das nicht!«

»Lecken Sie mich am Arsch!«

Einen Moment lang ist die Frau nicht so selbstsicher, wie sie gerne sein möchte, doch sie fängt sich wieder. »Gerade das werde ich nicht tun«, sagt sie und lächelt. »Aber es ist schön, dass wir gleich wissen, was wir aneinander haben.«

Frank antwortet nichts mehr, wartet nur darauf, dass die Frau endlich wieder geht. Und als sie dann gegangen ist, wartet er ab, bis er ganz sicher ist, dass sie wieder in der *Gemütlichen Ecke* angekommen ist. Erst danach springt er auf, sucht sein Taschenmesser und läuft damit aus der Wohnung und aus dem Haus. Er läuft zum Nordmarkplatz hinüber, stapft durch den verharschten Schnee und schaut sich um. Er sucht eine Astgabel, eine passende Astgabel. Als er sie gefunden hat, klettert er auf den Baum, zieht sein Taschenmesser aus der Hosentasche und beginnt, eine Kerbe in den Ast zu ritzen.

Es dauert lange, bis die Kerbe tief genug ist und er den Ast abbrechen kann. Mit dem Ast in der Hand rutscht er dann vom Baum und fällt in einen schnellen Trab, damit ihm wieder warm wird. Erst an der Prenzlauer Allee wird er langsamer. Er geht an der *Gemütlichen Ecke* vorbei und bringt es fertig, nicht hinzuschauen. Trotzdem weiß er, dass unter dem Gaststättennamen noch immer *Inhaberin: Lisa Meisel* steht. Das ist ein Witz, ein bitterböser Witz. Und der zweite Witz ist das Wort *gemütlich.*

Er geht durch den Hausflur auf den Hof, setzt sich auf die untere Strebe der Teppichklopfstange und beginnt, mit dem Taschenmesser die Rinde von der Astgabel zu schaben. Das könnte er natürlich auch oben in der Wohnung tun, wo es wärmer ist. Aber gerade das will er nicht: Er wird die Wohnung erst wieder betreten, wenn er sich verbarrikadieren kann. Und das kann er, wenn er die Astgabel zwischen die Klinke der Wohnungstür und den Schrank im Flur schiebt. Nun müsste er dazu nicht extra die Rinde von der Astgabel entfernen, aber auch das will er, es gehört dazu; er will einfach mehr tun, als nur irgendeinen Ast vor die Tür klemmen.

Die Hoftür geht, Herr Modersohn trägt seinen Mülleimer zu den Mülltonnen. Franks Späne fliegen fort wie abgeschossen. Der Mülltonnendeckel klappert, der Eimer scheppert, dann geht Herr Modersohn den Weg, den er gekommen ist, zurück und bleibt vor Frank stehen. »Was machst du denn hier so ganz allein in der Kälte?«, fragt er und deutet auf die Astgabel: »Willst du jemanden umbringen?«

Frank dreht das Holz in den Händen und kraust die Stirn, aber er antwortet nicht.

»Du kommst mit der jetzigen Aushilfe noch weniger klar als mit ihrer Vorgängerin, nicht wahr?«

»Ja.«

Herr Modersohn stellt den Mülleimer ab und reibt sich die kalten Hände. »Aber deshalb musst du doch nicht gleich erfrieren wollen.«

»Mir ist nicht kalt.«

»So? Na, dann haben sie dir bei deiner Geburt wohl einen Ofen eingebaut.«

Frank lacht nicht.

»Ich verstehe dich«, sagt da Herr Modersohn, »ich verstehe dich besser, als du glaubst. Aber die Welt richtet sich nun mal nicht nach unseren Wünschen, sie ist, wie sie ist, und es ist besser, du stellst dich gut mit ihr – mit der Welt und mit Frieda Klose.«

»Nie!«, ruft Frank und springt von der Teppichklopfstange.

»Nie im Leben tue ich das.«

»Dann wünsch ich dir einen steifen Nacken und ein dickes Fell«, sagt Herr Modersohn. »Du wirst es brauchen können.« Er nickt traurig, nimmt seinen Mülleimer wieder auf und geht langsam davon.

Frank schaut dem kleinen Mann nach, bis er in der Tür verschwunden ist. Früher hatte er Herrn Modersohn alles unbesehen geglaubt – weil er ihn mochte. Er mag ihn immer noch, aber nun ist er oft anderer Meinung. Soll er denn jede von Willis Aushilfen einfach so hinnehmen, wie er ein Julklapp-Los hinnimmt? Ist er denn überhaupt niemand? Muss er sich alles gefallen lassen?

Ein bisschen so und ein bisschen so

Tarzan spannt die Muskeln an – der Baumstamm rührt sich nicht. Tarzan holt Luft, sein Brustkorb dehnt sich – der Baumstamm über der Schlucht knarrt, als wolle er sich wehren, dann aber poltert er hinunter. Die Verfolger auf der anderen Seite der Schlucht zügeln ihre Pferde, sind zu spät gekommen. Sie drohen und schreien und ballern mit ihren Pistolen in der Gegend herum, Tarzan aber steht hoch aufgerichtet da, lacht und läuft leichtfüßig weiter. »Mann!« Kalle stößt Frank an. Er glüht vor Begeisterung.

Frank gefällt der Film auch, er ist wirklich sehr spannend und manchmal auch lustig, aber so richtigen Spaß hat er nicht daran. Kalle hat seinen Ausweis verkauft und er hat mitgemacht, hat ihm den Zeitungskiosk gezeigt und war mit ihm in der Wechselstube, in der Kalle vierzig Westmark in über einhundertsechzig Ostmark eintauschte. Die restlichen zehn Westmark verprassen sie nun: Kino, Erdnüsse, Comics, Eis am Stiel und Zigaretten; richtige amerikanische Filterzigaretten.

Tarzan schwingt sich von Liane zu Liane und erledigt die Schufte, die nun vor ihm fliehen, einen nach dem anderen. Und Cheeta, sein kleiner Schimpanse, hilft ihm dabei. Dann ist der Film zu Ende und Kalle verspricht Frank: »War das ein Film! Den gucken wir uns noch mal an. Vielleicht schon übermorgen.«

Frank ist still. Da ist ein Gedanke, der lässt ihm keine Ruhe. Er will sich den Gedanken verkneifen, will an etwas anderes denken, aber dann, an der Ecke Dunckerstraße, als sie sich bereits verabschiedet haben, fragt er Kalle doch noch: »Was machst du denn jetzt mit dem ganzen Geld?«

»Ich kauf mir eine Hose, eine Popeline-Hose. Und ein Hemd.« Kalle grinst schief. »Fünfzig Mark sind ja leider schon wieder weg – für den neuen Ausweis.«

»Kannste mir zehn Mark leihen?«

»Zehn? Ich leih dir zwanzig. Ich schenk sie dir.« Kalle beeilt sich, das Geld aus der Hosentasche zu fummeln.

»Nein. Ich brauch nur zehn. Und ich will sie nicht geschenkt, sondern nur geliehen«, beharrt Frank.

Kalle gibt Frank die zehn Mark. »Aber du brauchst sie mir wirklich nicht wiedergeben. Du hast doch schon so oft für mich bezahlt.«

»Das war was anderes. Sobald ich Geld habe, bekommst du den Zehner wieder.« Frank verabschiedet sich noch mal von Kalle und läuft los. Er muss sich beeilen, die Geschäfte schließen gleich. Aber er hat Glück, die *Bücherstube* hat noch auf. Er betritt den kleinen, mit Regalen voll gestellten Laden und kniet sich vor dem Regal mit den Reclam-Bändchen hin. Er kennt die Preise: Jedes Sternchen auf der Rückseite bedeutet vierzig Pfennige.

»Suchst du was Bestimmtes?«

»Alles von Lessing.«

Die Verkäuferin hockt sich neben Frank und fährt mit dem Finger die Reihen der hellen Heftrücken entlang, bis sie bei L angelangt ist. »Brauchst du die Heftchen für die Schule?«

»Ja.«

Die Verkäuferin findet fünf Bändchen mit insgesamt sieben Sternchen: Zwei Mark achtzig! Frank bezahlt und verlässt die *Bücherstube,* um im Schreibwarengeschäft nebenan Weihnachtspapier zu kaufen. Und er hat wieder Glück, auch der Schreibwarenladen hat noch auf. Er kauft das Papier und läuft mit seinen Einkäufen in den ersten Stock hinauf. Oben angekommen wirft er sich gleich aufs Bett und blättert die Bändchen durch. Es sind meistens Theaterstücke; die will er nicht lesen, die sind langweilig, wenn man sie nicht auf einer Bühne aufgeführt sieht. Ein Band aber besteht aus Briefen, in einer altmodischen Sprache geschrieben, nicht leicht zu lesen, aber auch nicht zu schwer. Er beginnt einen der Briefe, den nächsten – und ist gepackt, liest auch den darauf folgenden und noch einen und schließlich alle Briefe, Seite um Seite und wie im Fieber. Als er das dünne Bändchen dann endlich aus der Hand legt, weiß er nicht, wie viel Zeit inzwischen vergangen ist; wie betäubt liegt er da.

Lessing hatte diese Briefe an eine Frau geschrieben, eine Frau, die er viele Jahre lang liebte und nicht heiraten konnte, weil er zu wenig verdiente. Und als er sie dann endlich heiraten konnte, starb erst ihr gemeinsamer Sohn und dann die Frau … Er blieb mit seinen drei Stiefkindern allein zurück. *Ich wollte es auch einmal so gut haben wie andere Menschen. Aber es ist mir schlecht bekommen,* schrieb er danach einem Freund …

Dass es so etwas gibt, eine solche Liebe – und ein solches Ende! Aber Lessing liebte nicht nur diese Eva, er liebte auch seine drei Stiefkinder, liebte sie wirklich. Also muss er ein guter Mensch gewesen sein. Wer seine Stiefkinder liebt, kann nicht schlecht sein; einen besseren Beweis gibt es nicht.

Aber warum sind nicht alle Menschen so? Was macht die einen zu Onkel Willis und Bessels und die anderen zu Lessings, Modersohns oder Frau Hagens? Oder gibt es das gar nicht, nur gute und nur schlechte Menschen, sind alle ein bisschen so und ein bisschen so, wie die Mutter immer sagte?

Frank steht auf und geht in die Küche hinunter. Er hat Hunger, muss was essen. Und während er sich ein paar Brote macht, wird es ihm klar: Die Mutter hatte Recht, sie sind alle ein bisschen so und ein bisschen so. Aber der eine ist ein bisschen mehr so und der andere ein bisschen mehr so, das ist der Unterschied.

Guten Abend, schön' Abend

Frank drückt auf den Klingelknopf und wartet, bis er schlurfende Schritte hört, dann macht er ein freundliches Gesicht. Er weiß: Uwis Oma studiert jeden, der vor der Tür steht, immer erst lange durchs Guckloch, bevor sie öffnet.

»Du?« Uwis Oma hält Frank für einen verwilderten Jungen, der kein rechter Umgang für Uwi ist, und zeigt ihm das jedes Mal, wenn sie ihn sieht, auch recht deutlich.

»Ich möchte Uwi abholen. Wir gehen zusammen zur Weihnachtsfeier.«

»Ich komme gleich«, ruft Uwi aus der Küche.

Die alte Frau lässt Frank nicht in die Wohnung hinein. »So gehst du zur Weihnachtsfeier?«

Frank zuckt die Achseln: Er trägt, was er immer trägt. Aber er kann sich vorstellen, dass Uwi anders aussieht. Und er vermutet richtig. Als Uwi kommt, trägt er ein weißes Hemd mit einem Schlips unter dem Mantel und hastet, weil er Franks Spott befürchtet, vor ihm her die Treppe hinunter. Auf dem Hof knüpft er dann den Krawattenknoten auf und steckt den Schlips in die Hosentasche.

»Was sollte ich denn machen«, entschuldigt er sich. »Was meinste, wie stur meine Oma ist.«

Frank grinst nur. Er hatte sich früher immer eine Oma gewünscht. Seit er Uwis Oma kennt, tut er das nicht mehr.

Auf der Straße weht ein frostiger Wind. Die Schneeberge an den Straßenrändern sind zu Eishügeln geworden. Ein paar Kinder spielen Bergkönig, kämpfen darum, den höchsten der Eishügel zu erobern und ihn gegen die anderen zu verteidigen. Frank packt sein Päckchen fester. Bestimmt hat er nicht das Richtige gekauft, bestimmt hat Frau Hagen Lessings *Gesammelte Werke* längst im Bücherregal stehen und weiß nicht, was sie mit den Reclam-Bändchen anfangen soll.

Uwi verrät Frank, dass er Julia gezogen hat, ebenjenes Los, das Mäxchen wieder zurücklegen musste, weil er sich verraten hatte.

»Und was hast du ihr gekauft?«

»Ein Kartenspiel.« Uwi blickt Frank unsicher an. »Ob sie sich darüber freut?«

»Na klar!« Frank findet, dass es viel einfacher ist, einem Jungen oder Mädchen etwas zu schenken als ausgerechnet der Lehrerin.

Die Feier findet im Pionierzimmer statt. Frau Hagen und einige Mädchen haben die Tische zu einer langen Tafel zusammengestellt und weiße Tischdecken über den blauen Fahnenstoff gelegt. Sie haben sich viel Mühe gegeben, auf jedem Platz steht ein Teller mit einem Stück Napfkuchen, daneben eine Tasse für den Kakao und ein bunter Teller mit einer Orange, einem Apfel, Bonbons und Gebäck.

Auf Jochens Schreibtisch steht ein Tannenbaum. »Das ist unser Baum«, erklärt Frau Hagen. »Den nehmen wir nachher wieder mit und stellen ihn bis zum Heiligen Abend auf den Balkon.« Mit »wir« meint sie sich und ihren Mann, der am äußersten Tafelende sitzt, eine Zigarette raucht und sich interessiert umschaut.

Vor dem Tannenbaum steht ein großer leerer Pappkarton, in den die ankommenden Jungen und Mädchen ihre Päckchen werfen. Dabei bemühen sie sich, nicht zu zeigen, in welches Papier ihr Geschenk eingewickelt ist, damit hinterher niemand weiß, von wem er sein Geschenk bekommen hat. Der Letzte, der kommt, ist natürlich Elvis. Er geht zum Pappkarton, wirft sein Päckchen hinein und sagt laut: »Plumps!« Dann schaut er sich um und entdeckt Frank, der ihn auf den freien Stuhl neben sich winkt, weil er sich in diesem feierlichen Kreis nun doch sehr unbehaglich fühlt und Elvis als Verstärkung ansieht.

»Na, dann wollen wir mal!« Herr Hagen nimmt seine Streichhölzer aus der Jackentasche und beginnt, erst die Kerzen auf den Tischen und dann die am Tannenbaum anzuzünden. Frau Hagen steht an der Tür und wartet darauf, dass sie die Deckenbeleuchtung ausschalten kann. Sie macht ein erwartungsvolles Gesicht und sieht aus wie ein großes Mädchen, das einen wichtigen Auftrag zu erfüllen hat.

Gisela sitzt auf der anderen Seite der Tafel, Frank kann sie ansehen. Sie trägt einen grünen Pullover mit einem Halsausschnitt und einer weißen Bluse darunter. Ohrringe oder eine Halskette, wie die meisten anderen Mädchen, trägt sie nicht.

»Es geht los!« Frau Hagen löscht das Licht. Sofort ist Stille im Raum und alles starrt in die Flammen der Kerzen, die leicht flackern.

Frau Hagen räuspert sich: »Ich schlage vor, wir singen jetzt erst einmal ein schönes Weihnachtslied.« Sie gibt den Ton an und die Klasse fällt ein:

> »Guten Abend, schön' Abend,
> es weihnachtet schon.
> Am Kranze die Lichter,
> sie brennen so fein …«

Elvis singt mit, ein wenig verlegen zwar, aber er singt mit. Und Frank singt auch mit.

Noch zwei Lieder werden gesungen, dann schenken Rita und Frau Hagen aus Thermosflaschen den Kakao ein und die Teller, Tassen und Löffel beginnen zu klappern.

Nach dem Kuchenessen beginnt der spannendste Teil der Feier, die Verteilung der Julklapp-Geschenke. Frau Hagen greift in den Karton, nimmt das erste bunte Päckchen und liest den Namen vor, der draufsteht. Wer aufgerufen wird, geht vor, holt sich sein Geschenk und setzt sich wieder, um es auszupacken. Und jedes Geschenk, das ausgepackt wird, wird von allen Seiten begutachtet und kommentiert. Oft wird aber auch gelacht. Zum Beispiel, als Elvis einen Schuhanzieher und einen Zettel in den Händen hält, auf dem steht: *Damit du besser in deine engen Hosen kommst.*

Elvis schaut Rita an, aber die schüttelt den Kopf: »Ich hätte dir was anderes geschenkt: ein Buch über gute Manieren.«

»Veronika Hagen.« Frau Hagen legt ihr Päckchen beiseite. »Machen wir erst weiter, sonst müsst ihr solange warten.«

»Aufmachen!«, protestieren die Mädchen.

»Also gut!« Frau Hagen öffnet das Band und wickelt die Reclam-Bändchen aus. »Na, das finde ich ja toll! Mein Lieblingsautor! Und da sind ja sogar Sachen drunter, die ich noch gar nicht kenne.« Sie ist tatsächlich überrascht, freut sich wirklich, hat also nicht Lessings *Gesammelte Werke* im Bücherregal stehen. Frank ist erleichtert.

Die Geschenkeverteilung geht weiter, Frank erhält sein Päckchen als Vorletzter: Ein Kartenspiel ist drin. Sofort schaut er zu Uwi hin, der verlegen grinst. »Ich wollte nur wissen, ob du dich darüber freust.«

Also stimmte das mit Julia gar nicht? Frank kann über Uwi nur den Kopf schütteln, aber dann muss er lachen: Natürlich freut er sich.

Die letzte Tasse Kakao ist ausgetrunken, an den Kuchen erinnern nur noch die Krümel auf den Tischdecken, und die bunten Teller sehen auch schon ziemlich leer geplündert aus, aber noch will niemand gehen. Alles sitzt beieinander und unterhält sich, als ob man sich schon seit ewigen Zeiten nicht mehr gesehen hätte. Viele sind ganz anders als sonst, viel munterer, und es wird allgemein bedauert, dass es das letzte Mal ist, dass die Klasse zusammen feiert. Nächstes Jahr sind sie ja längst alle Lehrlinge, Mittel- oder Oberschüler.

»Du bist also der tolle Aufsatzschreiber?« Herr Hagen hat sich schon mit mehreren Jungen und Mädchen unterhalten und so ist Frank nicht überrascht, dass nun er an der Reihe ist. Die Anrede aber verwundert ihn: Hat Frau Hagen ihrem Mann von ihm erzählt?

»Ich habe deine Aufsätze sogar gelesen«, sagt Herr Hagen, der Franks Frage errät. »Und ich muss sagen, sie sind wirklich ganz prima.«

Frank weiß nicht, was er dazu sagen soll. Das Lob freut ihn, aber es macht ihn auch verlegen. Und dass jetzt alle zu ihm hinschauen, macht es noch schlimmer.

»Was willst du denn mal werden?«

Frank will antworten, dass er das noch nicht weiß, aber Mäxchen Bessel, dem die Weihnachtsfeier so gut gefällt, dass er ganz besonders lustig ist, kräht laut: »Kneipier.«

»Schnauze!«, fährt Frank Mäxchen an. Das hatte ihm gerade noch gefehlt, dass Mäxchen jetzt mit der Kneipe anfängt.

»Frank sieht mir nicht so aus, als würde er die *Gemütliche Ecke* übernehmen«, lacht Frau Hagen. Aber in ihrem Lachen ist auch etwas Ernst.

»Vielleicht wird er ein Künstler«, ruft Elvis dazwischen. »Ein Zeichner!«

Alle lachen, alle wissen, was gemeint ist. Nur Frank und Gisela lachen nicht.

»Warum denn nicht?«, fragt Herr Hagen. »Künstler werden immer gebraucht. Das sind ja die Leute, die mithelfen, unsere Welt zu verändern und sie, wenn's geht, ein bisschen besser zu machen.«

»Lehrer auch«, ergänzt Frau Hagen lachend. Und ihr Mann nickt wie selbstverständlich. »Natürlich, es gibt eine Menge Berufe, in denen man was tun kann. Und wenn man es nicht in seinem Beruf kann, macht man es eben nach Feierabend.

Auf diesem Gebiet gibt's Arbeit genug.«

»Und wir?«, fragt Zacke. »Können wir auch was verändern?«

»Na klar!«, antwortet Herr Hagen. »Ihr müsst bloß nicht zu allem Ja und Amen sagen, was von den Erwachsenen kommt. Sie müssen nicht klüger sein, nur weil sie älter sind.«

»Aber mit den meisten Erwachsenen kann man ja gar nicht reden«, wendet Frank da ein. »Und verändern wollen sie auch nichts.«

»Dann musst du mit denen reden, mit denen du reden kannst«, entgegnet Frau Hagen, die weiß, welche Erwachsenen Frank meint. »Und wenn es gar nicht anders geht, musst du eigene Wege gehen.«

»Dazu gehört natürlich besonders viel Mut«, sagt Herr Hagen. »Das Bekannte erscheint einem immer einfacher als das Unbekannte. Wenn man aber das Unbekannte nicht wagt, kann man nie was verändern.«

Meinen die beiden das Heim? Sicher nicht nur, aber wie sie ihn jetzt angucken verrät, dass sie auch daran denken. Also hat Frau Hagen mit ihrem Mann auch darüber gesprochen – und hält es nach wie vor für besser, wenn er aus der *Gemütlichen Ecke* rauskommt.

»Nun müsst ihr aber nach Hause, sonst wird's zu spät.« Frau Hagen stellt sich an die Tür und verabschiedet jeden Einzelnen mit Handschlag. Herr Hagen geht mit Frank bis zur Tür vor und reicht ihm ebenfalls die Hand. »Du machst das schon«, sagt er. »Da bin ich mir ganz sicher: Einer wie du schafft auch das.«

Fotos

In der *Gemütlichen Ecke* ist es dunkel und still, es ist Schließtag. Frank geht durch die leere Gaststätte, schaltet das Licht über dem Stammtisch ein und setzt sich auf den Stuhl neben der Theke.

Onkel Willi und die Klose sitzen sicher in einer anderen Kneipe. Wo sollten sie denn sonst sein?

Eigene Wege, denkt Frank, eigene Wege! Und dann: Einer wie du schafft auch das. Was? Das Heim? Er steht auf, öffnet die Schranktür hinter der Theke und nimmt einen Schuhkarton heraus. Es sind Fotografien von früher in dem Karton, Fotos, die die Mutter immer gern gezeigt hat, wenn sie einem Gast etwas über die *Gemütliche Ecke* erzählen wollte. Er hat sie schon lange nicht mehr betrachtet.

Das Foto vom Eröffnungstag: Die Mutter, fast noch ein junges Mädchen, steht an der Seite ihres ersten Mannes vor der Tür mit den Pfingstbäumen rechts und links. Es sind Gesichter voller Hoffnung. Da wissen sie noch nicht, dass die Schulden, die sie machen mussten, um die *Gemütliche Ecke* eröffnen zu können, sie schon bald erdrücken werden.

Ein anderes Bild: Weihnachten im Krieg. Die Mutter mit dem kleinen Burkie an der Hand und ihm auf dem Arm vor dem Tannenbaum neben dem Klavier … Frank schaut zu dem Tannenbaum hin. Er sieht genauso aus wie der auf dem Bild: Er hat ihn geschmückt, wie die Mutter ihn geschmückt hätte.

Ein neues Foto: Burkie und er vor der Gaststätte. Das war kurz vor Burkies Tod. Er stemmt den linken Arm in die Seite und grinst …

An der Tür zum Hintereingang wird geschlossen. Schnell legt Frank den Deckel auf den Schuhkarton und klemmt sich den Karton unter den Arm. Er wird die Bilder mit nach oben nehmen, um sie in Ruhe weiter betrachten zu können. Und er wird sie behalten, sie gehören ihm.

Das große Licht flammt auf, Onkel Willi und Frieda Klose betreten die Gaststube. Onkel Willi trägt seinen Mantel mit dem Samtkragen, Frieda Klose einen Pelzmantel; Onkel Willi guckt misstrauisch, Frieda Klose neugierig.

»Was hast du hier zu suchen?«, poltert Onkel Willi los.

Frank presst den Karton an sich. »Nichts. Nur ein paar Fotos.«

»Warst du an der Kasse?«

»Nein.«

»Die ist abgeschlossen.« Frieda Kloses Neugier vermischt sich wieder mit dem üblichen Spott in ihrem Gesicht.

»Du hast ab sofort hier unten nichts mehr zu suchen«, befiehlt Onkel Willi. »Leg das zurück und verschwinde nach oben.«

»Die Fotos gehören dir nicht. Die behalte ich.«

»So?« Onkel Willi zieht den Mantel aus. »Na, das werden wir ja sehen.« Er will angeben, will dieser Frieda Klose zeigen, wer hier der Herr im Haus ist.

Frank tritt neben den gusseisernen Ofen und nimmt den Feuerhaken von der Wand. »Damit du's weißt, ich lass mich nicht mehr schlagen.«

Onkel Willi schaut den Feuerhaken an. »Leg ihn weg.«

»Nein.« Frank umkrampft den Feuerhaken und geht mit seinem Karton unter dem Arm langsam rückwärts.

»Der ist ja gemeingefährlich.« Frieda Klose geht Frank aus dem Weg.

»Er wird schon sehen, was er davon hat.« Onkel Willi macht ein paar Schritte auf Frank zu.

»Bleib stehen!« Frank sieht alles wie durch einen Nebel. »Bleib stehen!«, schreit er noch mal und schwingt den Feuerhaken.

Onkel Willi gehorcht, aber er sagt: »Jetzt reicht's! Jetzt kommst du ins Heim!«

»Da will ich ja hin«, schreit Frank. »Oder denkste, ich hab Angst davor?« Dann wirft er den Feuerhaken weg und läuft mit dem Karton unter dem Arm durch den Flur, aus dem Hinterausgang hinaus und in den ersten Stock hinauf. Dort angekommen verbarrikadiert er die Tür mit dem Ast und wirft sich auf sein Bett.

Er hat es gesagt und nun wird er es tun. Er muss es tun!

Ein heller Fleck

Die *Gemütliche Ecke* brennt. Aus allen Fenstern schlagen die Flammen. Männer und Frauen hasten mit Eimern, Feuerwehrleute rollen Schläuche aus. Frank steht zwischen den beiden Polizisten, die ihn festhalten, und starrt immer wieder die beiden blond gelockten Jungen auf den Glastafeln neben dem Eingang an. Sie gucken aus ihren Bierkrügen, als lebten sie. Und sie verziehen die Gesichter, als hätten sie Schmerzen. Oder ist es nur ein schadenfrohes Grinsen?

Onkel Willi kommt aus der Tür. Er hält den Feuerhaken in der Hand und will auf Frank los. »Fass mich nicht an!«, schreit Frank. »Fass mich nicht an, Buffkeschwein!«

Wann hat er das gerufen? Das ist lange her. Wieso ruft er das jetzt wieder? Frank wirft sich auf dem Bett hin und her, träumt aber weiter.

Herr Modersohn kommt und hilft beim Löschen. Und auch Frau und Herr Hagen. Und Jochen! »Ich hab's ja gesagt!«, schreit Jochen. »Ich hab's ja gesagt!« Und Frau Hagen sagt: »Das hättest du nicht tun sollen.« Nur Herr Modersohn lacht. »So ist sie, die Welt!«, ruft er. »Wer sich mit ihr anlegt, den bestraft sie.«

Es prasselt und knackt und die Luft wird immer heißer. Oder kälter? Frank erwacht. Der Wind zerrt an der offenen Balkontür. Er liegt in Kleidern auf dem Bett und friert. Steif steht er auf und tritt auf den Balkon hinaus.

Er ist eingeschlafen, ist beim Nachdenken eingeschlafen, lag noch gar nicht richtig im Bett. Aber es muss schon sehr spät sein, denn draußen ist es dunkel und still, nirgendwo brennt nochLicht.

Was hat er da geträumt? Er hätte die *Gemütliche Ecke* angesteckt? Er? Noch eine ganze Zeit lang klingt der Traum in Frank nach, dann schließt er die Balkontür, zieht sich aus und legt sich wieder hin. Aber nun kann er nicht mehr schlafen, nun liegt er da, als gehöre er schon längst nicht mehr hierher.

Und wo gehört er hin? Woher weiß er, dass es in dem Heim besser sein wird? Da sind doch noch Kalle, Elvis, Uwi, Zacke, Gisela, Herr und Frau Modersohn, Frau Hagen … Es gibt eine Menge Leute, die er mag und die ihn mögen. Die gibt er alle auf; und nur wegen eines Einzigen, wegen Onkel Willi? Aber was wäre gewesen, wenn Onkel Willi versucht hätte, ihm die Fotos wegzunehmen? Er hätte zugeschlagen! Mit dem Feuerhaken! Das ist es, deshalb muss er weg.

Frank schließt die Augen, ist nun doch wieder müde, will auch nichts mehr denken. Und dann schläft er wieder ein und wacht erst auf, als der Wecker klingelt.

Das Wetter ist über Nacht umgeschlagen, es schneit wieder. Frischer weißer Schnee liegt auf den Schmutz- und Eisschneehügeln an den Straßenrändern. Frank tritt Spuren in den Schnee, der unter seinen Schritten knirscht, und fühlt sich dunkel und leer. Es ist einfach, mutig vorwärts zu denken, wenn es Nacht ist. Bei Tag sieht alles ganz anders aus.

Was, wenn er zu Onkel Willi geht und sich entschuldigt? In fünf Jahren ist er achtzehn, dann kann er machen, was er will. Aber fünf Jahre sind eine unheimlich lange Zeit.

»Guten Morgen!« Gisela geht hinter Frank her, tritt in seine Fußstapfen und lacht.

Frank kann den Gruß nicht erwidern, muss hinunterschlucken, was in ihm aufsteigen will; er möchte nicht losheulen.

»Was ist denn mit dir?«

»Ich gehe in ein Heim.« Frank bekommt es heraus, aber dann muss er die Zähne aufeinander pressen.

»In ein Heim?« Gisela ist bestürzt. »Warum denn? Wegen der Neuen?«

»Auch.«

Gisela schweigt. Dann fragt sie leise: »Schreibst du mir dann wenigstens mal?«

»Ich komme dich auch besuchen – wenn du willst?«

»Natürlich will ich.«

»Es könnte ja sein, dass du inzwischen … dass … ich meine.«

»Was denn inzwischen? Ich meine, wieso denn …« Gisela bringt ihren Satz auch nicht zu Ende, ist nun genauso still und trübsinnig wie Frank.

Es ist große Pause, die Klasse ist auf dem Schulhof, nur Frau Hagen und Frank sind im Klassenraum zurückgeblieben. Frank sitzt auf seinem Platz und Frau Hagen sitzt neben ihm. Er hat ihr gesagt, dass er in ein Heim will und dass Onkel Willi nichts mehr dagegen hat. Nun sitzt er da und blickt nicht auf.

»Ein guter Entschluss«, sagt Frau Hagen, nachdem sie einige Zeit nachgedacht hat. »Und vor allem: ein tapferer Entschluss!«

Frank schweigt. Er weiß es besser. Er ist nicht tapfer, hat ganz einfach keine andere Wahl. Selbst wenn er sich entschuldigen wollte, er wüsste ja nicht einmal wofür.

»Willst du, dass ich mit deinem Vater spreche?«

»Nein!« Das Nein kommt zu heftig. Aber darum geht es ja: Es ist sein Entschluss, er geht fort, er wird nicht … fortgeschickt.

Frau Hagen versteht. »Eigentlich überschreite ich damit meine Befugnisse, aber in deinem Fall kann ich das verantworten. Ich werde mit dem Jugendamt telefonieren und heute Nachmittag mit dir dort hingehen.« Sie legt Frank die Hand auf den Arm, nickt ihm noch einmal zu und geht dann.

Frank nimmt sein Taschenmesser aus der Hosentasche, klappt es auf und beginnt, die Insel aus dem Holz zu kratzen. Zurück bleibt nur ein heller Fleck.

Nachbemerkung

In den drei Romanen »Brüder wie Freunde«, »Tage wie Jahre« und »Einer wie Frank« erzähle ich keine erfundene Geschichte. Der siebenjährige, der zehnjährige und der dreizehnjährige Frank durchlebt meine Kindheit, wächst in meiner Zeit auf und in meiner Umwelt. Er denkt, fühlt und handelt manchmal, wie ich dachte, fühlte und handelte, oft aber auch ganz anders. Frank und alle anderen in diesen drei Romanen dargestellten Personen sind literarische Figuren.

Seit der erste Band meiner »Frank-Trilogie« 1978 zum ersten Mal erschien, sind über zwanzig Jahre vergangen. Seither ziehen immer wieder Leser auf Spurensuche durch den Prenzlauer Berg. Sie wandern durch die Straßen, die in diesen Geschichten eine Rolle spielen, und fragen ältere Leute nach der *Gemütlichen Ecke*. Ihnen sei gesagt, dass der Nordmarkplatz heute Fröbelplatz heißt und die *Gemütliche Ecke* in Wahrheit *Zum ersten Ehestandsschoppen* hieß, weil gleich neben dem Bezirksamt auch damals schon das Standesamt lag.

Wo sich einst die Gaststätte befand, betreibt heute eine Bankfiliale ihre Geschäfte; die Teppichklopfstange auf dem Hof allerdings ist noch immer dieselbe.

Berlin, Frühjahr 1999 *Klaus Kordon*

Die Frank-Trilogie von Klaus Kordon
Eine Kindheit in Berlin

1950
Brüder wie Freunde
Roman
Gulliver Taschenbuch (78433), 152 Seiten *ab 10*
Die Mutter bewirtschaftet eine Berliner Eckkneipe, der Vater ist im Krieg gefallen. Für lange Zeit ist der große Bruder Franks Held, Freund und Ersatzvater. Dann muss Frank lernen, eigene Wege zu gehen.

1953
Tage wie Jahre
Roman
Gulliver Taschenbuch (78434), 128 Seiten *ab 10*
Der 10-jährige Frank erlebt eine unruhige Zeit mit: die Arbeiterstreiks auf der Straße um den 17. Juni und die schlimmen Auseinandersetzungen in der Schule mit seinem Lehrer.

1956
Einer wie Frank
Roman
Gulliver Taschenbuch (78435), 160 Seiten *ab 10*
Zu Hause ist Frank sowohl im Osten als auch im Westen der geteilten Stadt Berlin. Er stellt Vergleiche an und findet nach dem Tod der Mutter zu neuen Urteilen. Und er begegnet immer wieder Menschen, die ihm helfen und die er mag.

Die gesamte Frank-Trilogie ist auch als Pappband (79795) unter dem Titel »Frank oder Wie man Freunde findet« erhältlich.

www.beltz.de
Beltz & Gelberg
Beltz Verlag, Postfach 10 01 54, 69441 Weinheim

Klaus Kordon
Ein Trümmersommer
Roman
Gulliver Taschenbuch (78432), 208 Seiten *ab 12*

Berlin 1947 – eine Stadt in Trümmern, in der weitergelebt werden muss. Mittendrin Pit und Eule, ihre Freunde, Geschwister und Mütter. Väter sind rar; sie sind gefallen oder in Gefangenschaft. Die Jagd nach etwas Essbarem, Hamsterfahrten und Schwarzmarktkäufe gehören zum Alltag. Und zur Not der Zeit kommt die Auseinandersetzung mit der jüngsten Vergangenheit – zwölf Jahre Nazi-Diktatur sind nicht so einfach abzustreifen. Pit und Eule und ihre Freunde haben sich mit der Trümmerwelt abgefunden. Sie spielen in den Ruinen und gründen eine Bande, die dann in einen Einbruch verwickelt wird. Die Jungen müssen fliehen, verstecken sich in einem Keller unter den Ruinen und werden verschüttet …

www.beltz.de
Beltz & Gelberg
Beltz Verlag, Postfach 10 01 54, 69441 Weinheim

Klaus Kordon

Paule Glück

Das Jahrhundert in Geschichten

Mit einer Zeittafel

Gulliver Taschenbuch (78339), 348 Seiten *ab 12*

1904: Jeden Morgen trägt Paule Zeitungen aus, um für seine Familie etwas hinzu zu verdienen. Doch dann wird der Vater arbeitslos und für Paule ist es aus mit dem Lernen. Er fängt in der Fabrik als Heizer an. 1941: Für Wolf ändert sich vieles, als er plötzlich den gelben Stern tragen muss. Vorher ist er einer unter vielen gewesen; nun können alle sehen, dass er Jude ist. 1984: Gabi und Katja gehen beide in Berlin zur Schule, die eine in Berlin-Ost, die andere in Berlin-West. Sie leben in zwei völlig verschiedenen Welten. – In seinen Geschichten von Berliner Kindern spannt Klaus Kordon einen weiten Bogen über das 20. Jahrhundert und lässt damit Zeitgeschichte lebendig werden.

www.beltz.de
Beltz & Gelberg
Beltz Verlag, Postfach 10 01 54, 69441 Weinheim